世界のおすもうさん

世界のおすもうさん

和田静香 文
Shizuka Wada
金井真紀 文絵
Maki Kanai

岩波書店

はじめに

金井真紀

はじまりは、真夏の池袋だった。

昼下がりの公園、蟬《せみ》がミンミン鳴いていた。「なんとか連合」「かんとか労連」みたいな幟《のぼり》が林立し、人がわーんと集っていて、集団行動が苦手なわたしは少し身を固くしていた。

二〇一八年八月、沖縄の翁長雄志《おながたけし》知事が亡くなった。県民の大多数が辺野古《へのこ》の新基地建設に反対していることを受け、体を張って国と対峙している真っただ中で力尽きたのだった。首長の無念なんぞお構いなく、国は粛々と辺野古の海に土砂を投入し続けた。舐めんなよ、とわたしは思った。だけど沖縄に基地を押しつけているのは、わたしだ。わたしのように本土でのうのうと暮らしているのんきな国民だ。だから、舐めているのはわたしでもある。

翁長さんの死から三日後の八月一一日。那覇で追悼と抗議の県民大会が開かれた。台風が近づく悪天候の中で七万人が駆けつけたらしい。それに連帯する形で、同日午後、東京・池袋でもデモをやるとの情報がまわってきた。わたしは集団行動が苦手だけど、いっちょう行ってみるべ。

ちょうどその頃読んだ國分功一郎《こくぶんこういちろう》さんの本に、パリのデモは飲み食いしながらダラダラ歩くと書いてあった。デモの隊列に適当に混じって、気が済んだら適当に離れて、ダラダラやる。そういう感じでいこう。

公園に集まったデモ隊の先頭では誰かが演説しているようだったが、最後尾にいるわたしにはほとんど聞こえなかった。蝉しぐれを浴びてぼけーっと突っ立っていると、

「金井さーん！」

「わー、来ましたか」

同じように、パリのマダムの流儀でデモに参加している人がいた。それが和田静香さんだった。わたしたちはうれしくなって、熱中症予防の塩飴を分け合ってワハハと笑った。

しかし笑っている場合ではない。

基地のことは沖縄の問題じゃないのだ。わたしたちの問題なのだ。どうしたらいいんだろう。自分にできること、なんかあるのかな。

「ムカつくーとか文句言ってるだけだもんね」

「無力だわ」

「はー……」

わたしたちが黙ると、蝉のミンミンミンミンがますます大きくなる。首すじを汗が伝う。ふと、ドリアン助川さんがその朝、ＳＮＳに投稿していたことばを思い出した。彼は「ボクはこれから沖

縄文学をひとつひとつ読み直そうと思う。そうすることで沖縄とつながる」と書いていた。ドリアンさんらしい。文学を入口にするなんて。

あ、そうか！　ドリアンさんが文学者なら、和田さんとわたしは相撲ファンだ。おすもうを入口に沖縄のことを考えたらどうだろう。

「わー、それいいねぇ！」

和田さんは速攻で乗ってきた。白鵬《はくほう》の立ち合い並みのスピードだ。

和田静香さんはもともと音楽ライター。人生がつらくてお布団から出るのもいやだった二〇〇〇年代半ば、朝青龍《あさしょうりゅう》の相撲をテレビで見て救われた。そこから「スー女コラムニスト」になった。観戦はもちろん、相撲部屋の取材をしたり、自ら女相撲にチャレンジしたり、相撲絵師展を開催したり。おすもうさんへの愛と行動力は半端ない。

一方わたしの相撲熱は、中学・高校時代にさかのぼる。放課後は同級生とだらだらおしゃべりしたり、本屋さんをうろつくのが定番だったが、二か月に一度、飛ぶように帰宅する時期があった。友達に「真紀、マックでお茶してかない？」と誘われても、「ごめん、いま場所中だから」。まわしの色や塩を撒く手つきは覚えるのに、取り口とか決まり手は一向に覚えない。そういうぼんやりしたファンとして三〇年も生きてきた。

そういう二人で、おすもうを入口に、世の中を覗いてみたらどうだろう。世界にはさまざまなおすもうがあると聞く。女の人の相撲もある。労働者の相撲もある。沖縄にもモンゴルにもおすもうさんがいる。それを一つ一つ訪ねて、世の中を学んでいくのだ。

「ねえねえ、それを本にしたらおもしろくない？」

わたしと和田さんはどんどん盛り上がっていった。

「えー、そんな本、見たことない」

「類書がないってことはさぁ……」

「ヒットか大コケか二つに一つ！」

「ギャハハ、最高」

いつのまにかデモ隊が出発していて、うっかり置いてきぼりになりそうだった。蟬はミンミン鳴いていた。そこから、わたしたちの旅が始まった。

世界のおすもうさん

目次

Shizuka Wada
和田靜香

Maki Kanai
金井真紀

1

小さなおすもうさん

東京・両国　文　和田静香

はっきよーい、
のこった！
国技館に集ったのは
世界七か国と
日本全国から集まった、
ひょろり、びくびく、
小中学生のおすもうさんたち。
さぁ、どうなる？

2 女性のおすもうさん

北海道・福島町

文 金井真紀

母の日に開かれる
「女だけの相撲大会」。
参加するのは、
トラック運転手、介護士、
ベトナム人技能実習生など
働く女性たち。
その力こぶは輝いていた！

19

3 女子高校生のおすもうさん

京都市

文 和田靜香

京都の高校にある女子だけの相撲部。
まわしを巻いた彼女たちは
どんな風に相撲と出会い、どう戦うのか？
はたして強い女子はなにを思う？

47

4
沖縄・辺野古
沖縄角力のおすもうさん〈前編〉
文 金井真紀
69
ウチナージマ（沖縄角力）は、
道着姿で組み合う三本勝負のおすもう。
基地建設で揺れる名護市辺野古の海岸に、
こわもてのうみんちゅ（漁師）が現れた。

5
和歌山県
スーパーマーケットのおすもうさん
文 和田靜香
101
「いらっしゃいませ〜」
昼間スーパーマーケットで
忙しく働く男たちは
夜6時を過ぎると
まわしを巻いて土俵に上がる、
スーパーマンなのであった。

うえおか
肉じゃが
298
日替り弁当
298

6

沖縄・久米島

沖縄角力のおすもうさん〈後編〉

文 金井真紀

123

おとうから息子、にいにいから弟、
しーじゃ（先輩）からうっとぅ（後輩）……
島の男たちは角力を通じて
生き方を伝えていた。
日が暮れて、
飲めや歌えの大宴会。

7

石川・唐戸山

祭りのおすもうさん

文 和田静香

147

石川県の能登に二〇〇〇年続く相撲大会がある。
そこはUFOが飛来すると噂される街。
土俵は宇宙人がつくった基地のようだ。
謎めいた土俵で繰り広げられる戦いとは？

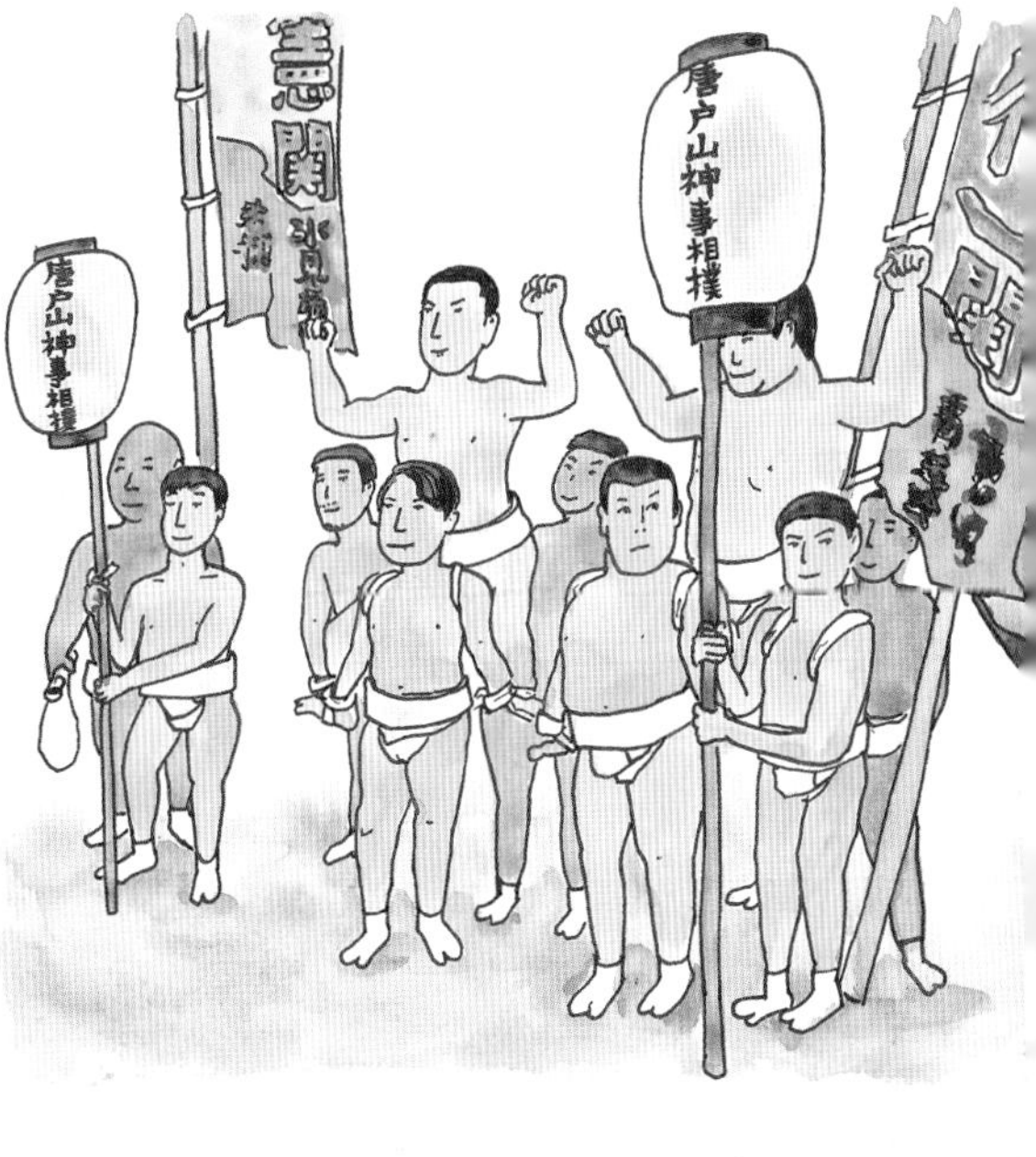

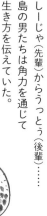

8 韓国シルムのおすもうさん

韓国・水原《スウォン》

文 金井真紀

「天下壮士」の称号を持つ最強選手&
プロの女子力士に突撃インタビュー!
シルム界の長老は、ベトナム戦争の
ジャングルで開かれた
相撲大会を振り返る。

씨름
シルム
샅바
サッパ

9 世界から来たおすもうさん

大阪・大浜公園

文 和田静香

世界三〇か国から
大阪の相撲場に集まったのは
肌の色もことばも違う世界各地のおすもうさん。
ただ一つ共通するのは
まわしを巻いていること。

アマチュア相撲審判の服装は、白い長袖シャツに
黒色の蝶ネクタイ、白いスラックス。両手に白手袋を着用する。

10
中国・内モンゴル自治区
……の気分で茨城県　文 金井真紀

モンゴルブフのおすもうさん
227

モンゴルの草原でゲルに住み、
馬に乗り、
馬乳酒を酌み交わすおすもうさん。
狼伝説、ラクダのステップ、
鷹の舞い……
ブフを取り巻く物語を
噛み締める。

おわりに 263
参考文献

鷹の翼
ライオンのたてがみ
種ラクダの足

まだまだあるぞ!
今後、会いに行きたい
世界のおすもうさん

Iran

イランには髪と肌を隠した上で、
まわしを締める女子選手がいる。
フランス・パリの相撲道場には
タトゥーだらけのおすもうさんや、
なぜかパンツと靴下を履いているおすもうさんも。
あぁ、SUMOの幅の広さよ!
独自の相撲文化を持つ国もたくさんある。
セネガルでは体にお守りを巻きつけた力士が
組み合っているし、トルコでは
体にオイルを塗りたくった男たちが技を掛け合っている。
というわけで、
わたしたちの旅はどこまでも続くのだ——。

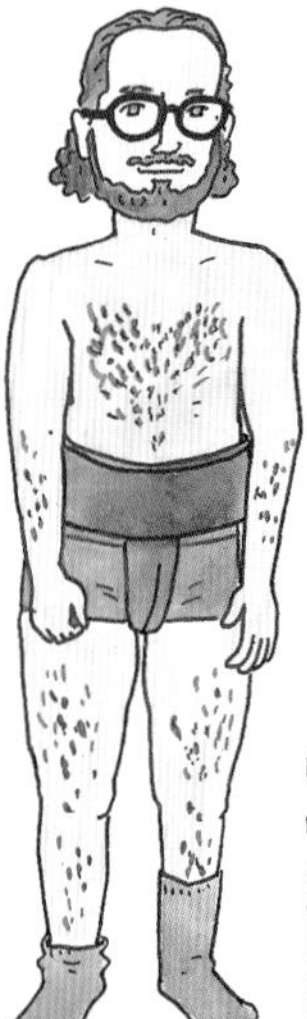

France

Senegal

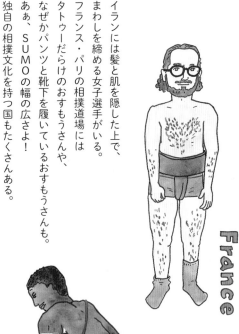

1

東京・両国

小さなおすもうさん

大阪から来た小学生のおすもうさん

世界のおすもうさんを訪ねる旅。最初に足を運んだのは両国。もちろん国技館。二〇一九年二月一一日、冷たい雨がしとしと降る中、「第九回白鵬杯」へ向かった。

朝八時前、国技館に着くと、すでに大勢の少年力士や親御さん、それに少年たちに相撲を教えるコーチたちで一階の升席はごった返し、廊下にも人があふれていた。その中に、先に到着していた金井真紀さんを見つけ、荷物を託してさっそく「升席西一二列一二番」に小学六年生の國下《くにした》智甲《ともき》君と、五年生の奥村遙《おくむらはるか》君を訪ねた。

「おはようございます」

コンビニで買ってきた朝ごはんを食べ終え、開会式の準備を始めているところだった二人はぺこりと頭を下げ、恥ずかしそうに「おはようございます」と答えてくれた。大阪市東住吉区の「長居相撲道場」に所属する小さなおすもうさんたちだ。二人は手早く着替えを始め、慣れた様子で腰にタオルをつけ、自分でまわしを巻いていく。最後はお父さんに後ろをギュッと締めてもらい、一丁あがり！　二人は小学生から、瞬く間におすもうさんになった。

「緊張してる?」聞くと、「まだ試合じゃないから」と、眠そうな目をこすり、一つ年上でお兄ちゃんのような國下君を先頭に、お父さんたちも一緒に急いで土俵脇へ降りていった。

じつは二人とは前日、一緒に両国にある出羽海《でわのうみ》部屋を訪ねていた。知人に紹介してもらった長居相撲道場の加賀美延幸《かがみのぶゆき》先生が、子どもたちと出羽海部屋へ行くというのに同行させてもらったのだ。加賀美先生は、かつて出羽海部屋に所属していた元プロのおすもうさんだ。

「はじめまして」

挨拶もそこそこにみんなでぞろぞろ歩いて出羽海部屋へ向かう道すがら、「大阪から来たばかりで疲れない？」と聞くと二人とも「平気です」とポツリ。その一方で奥村君のお父さんは「今日は江ノ電に乗ってきたんですよ。私は鉄オタでして」なんてうれしそうに笑い、出羽海部屋に着けば「うわっ、御嶽海《みたけうみ》の明荷《あけに》（関取が使うまわしなどの道具を入れるつづら）！」と私が大興奮し、おとなのほうがずっと浮かれている。主役の二人は？　というと、おとなしく土俵横の畳に座っていた。

そこで、ちょっと聞いてみた。

「どうして相撲を始めたの？」

すると、「母親が好きなんですよ」と奥村君のお父さんが言い、さらに、「小学三年生の頃に体がプクッとしてきたんです。そのときにわんぱく相撲（小学生の全国相撲大会）のチラシを見て、相撲をやることにしたんです」と國下君のお母さんが答える。ようやく奥村君本人が口を開いたら、「どうやったらやめられるか今、考えてる」なんて言うし。そのうえ、引率の加賀美先生も「子どもたちには勝ち負けより、とにかくなにか一つ学んで帰ってもらえたらいいなぁと思います」

とニコニコ言う。

相撲道場ってもっと厳しく「押忍《おす》！」な世界かと思ったのに、あれっ？ ほんわかしている。そこへ出羽海親方がいらして、私たちみんなにちゃんこをふるまってくれるという。「おおっ！」とまた興奮する私を尻目に、二人は淡々とした様子。しかも食事が一区切りしたら「テレビを見てもいいですか？」なんて親方に言うんだ、これが。親方は慣れたもので「あっちの事務室にあるから見ておいで」と言うから、二人はスタスタと事務室に行ってしまった。部屋の若いおすもうさんたちと相撲の話はしないの？ 明日は大丈夫なの？ 少々心配になって帰りしなに「明日の目標は？」と二人に聞いてみると、「とにかく一勝したいです」と真面目な顔をして答えた。そうか。そうだね。うん。大丈夫……かな？

一二〇〇人のおすもうさん

午前八時過ぎ。少年たちが全員並んで、「白鵬杯」の開会式が始まった。

「白鵬杯」はその名の通り、大相撲の横綱白鵬が開催する「世界青少年相撲大会」。二〇一〇年一二月に大阪・堺市の大浜公園相撲場で「日本・モンゴル親善交流少年相撲大会」として第一回が開かれ、第四回からは国技館で行われてきた。

九回目となる大会の出場者は、なんと一二〇〇人。北は北海道から南は沖縄まで、さらには香港、台湾、アメリカ、タイ、モンゴル、中国、韓国からも小中学生がエントリーする。一二〇〇人もの大人数が出場するのは、普通は行われる地方予選がこの大会にはなくて、相撲をやる男子小中学生であれば誰もが参加できるからだ。しかも遠方から来る子たちには、旅費の援助もある。想像をはるかに超えた、世界の小さなおすもうさんたちが集うマンモス相撲大会。

はたして一二〇〇人ものまわし姿のおすもうさんが勢揃いして並ぶのは壮観だった。痩せて小柄な小学生から、「幕下力士の方ですか?」と聞きたくなる立派な体軀の中学生まで。真ん中に笑顔の横綱白鵬が立ち、この場面だけで胸がいっぱいになってしまった。

さらに選手宣誓がよかった。前年のこの大会で団体優勝した熊本の「川上道場」の中学生を中心に、参加した日本を含む八つの国と地域の代表選手九人がともに土俵に上がって行われた。国技館の土俵にいっぺんに国籍の異なる九人ものおすもうさんが上がるのは、もしかして初めてじゃないか。土俵に上がればみんな同じおすもうさん。人種や国籍なんて関係ない。まあるい土俵の上にまあるい地球が乗った。

開会式が終わると、すぐに試合が始まった。なにせ一二〇〇人が団体戦と個人戦を一日で戦うのだから、国技館の本土俵の両脇にはマットの土俵が敷かれ、さらに国技館の裏手にある、日頃はプロになりたてのおすもうさんが相撲のイロハを学ぶ「相撲教習所」の土俵二か所も使い、あわせて五つの土俵で次々に対戦が行われる。

アマチュア相撲のルールは世界共通だ。名前を呼ばれたら土俵に上がり、礼をし、立ち合いは主審の指示に従い、両手をついて「はっきよい」で立つ。大相撲にあるような所作はなく、勝負がつくと礼をし、勝ったほうは蹲踞《そんきょ》の姿勢で勝ち名乗りを受ける。張り手など大相撲に認められた技のいくつかは禁止だけど、あとは同じだ。

押忍！の空気を放つ中学生

國下君と奥村君は個人戦のみで午後からの出場だというので、団体戦に出る「鳥取チーム」の応援に向かうことにした。知人から引率の倉本慎太郎《くらもとしんたろう》先生を紹介されていたのだ。

鳥取チームは小学生三人と中学生二人の五人態勢。中学生二人は、倉本先生が社会科を教える鳥取市立西中学校二年生の成田《なりた》力道《りきどう》君と三年生の落合哲也《おちあいてつや》君で、「小学生は相撲歴が短い子ばかりなので、団体戦では苦戦するかもしれません」と倉本先生。先生自身、高校時代から本格的に相撲をやり、日大相撲部では琴光喜《ことみつき》や高見盛《たかみさかり》が後輩だったという元おすもうさんだ。

鳥取西中は中学相撲の強豪校だそうで、二人は少年相撲の王道を歩む。そんな二人に「すみませ〜ん、いつからお相撲、やってるんですか？」なんて、突然に割り込んで聞いた。

「相撲は小四からやってます」（落合君）

「四歳からやってます」（成田君）

成田君は相撲少年としてたびたびテレビ番組などにも取り上げられてきた、わんぱく相撲界では名の知れた少年で、「あの成田君ですね！」と聞くと、「はい」とうなずく。一方の落合君は正に「押忍！」の空気を放っていた。試合直前、集中しているところに突然来た私も悪いのだが、じつに近寄りがたい。それでも「今日の大会はどういう意味がありますか？」とさらに尋ねると、成田君は「世界が集まっていてほかの大会とは違います」と答える。落合君は「自分の相撲を取るだけっす」と答え、あとはすっと前を向いてしまった。私はたじろぎ、戦う時間に入ったおすもうさんの世界においそれと足を踏み入れてはいけないことを知った。

チームは予選一回戦を勝ち、二回戦へ。小学生三人は一勝二敗だったが、続く落合君は圧倒的に強くて二勝目。ところが成田君がまさかの負けで、鳥取チームの団体戦は先生が言っていた通りに予選で敗退となってしまった。しかし、「押忍！」なおすもうさんの落合君は、そのあとの個人戦で大活躍をすることになる。

鳥取チームが引き揚げてしまったあと、土俵脇に立ち、もう一度ぐるりと周りを見回すと、間断なく相撲が取られている様に圧倒される。選手宣誓に出ていた、台湾やタイといった海外から来た少年もお尻を出してまわしを巻いて相撲を取っていた。ワアワア声が渦巻いて国技館中に反響し、カオスというより、なにやら祝祭めいていて、広い廊下では小さい子たちが遊ぶ縁日のようなコーナーもある。大相撲の力士たちもおおぜい訪れていて、炎鵬《えんほう》が歩いてきたので声をかけると「少年たちの相撲を見てると、相撲をただ楽しんでやっていた、自分の子どもの頃を思い出しますす」と、初心に返っているようだ。照強《てるつよし》も「自分も子どもの頃こうやって相撲を取っていました。この子たちがずっと相撲を好きで続けてくれたらいいですね」と少年たちの未来へ夢を馳せる。

二人ともつい最近まで、ここにいる少年たちと同じく小さなおすもうさんだった。そして大きな決意をしてプロのおすもうさんになり、強くなった。さらに思えば、加賀美先生や倉本先生ももともとおすもうさんで、ここにいると、土俵で戦う一二〇〇人の小さなおすもうさんだけでなく、まるで連綿と続くおすもうさんの長い列のようなものが見えてくる。それははるか遠い昔から続く、長い長い列だ。人はかくも長いあいだ、相撲を取り続けてきた。勝つか負けるかしかない相撲。手になにも武器を持たず、己の力だけで戦う。もっともシンプルな戦い。なのに、いや、だからこそ、そこにいろいろな意味や願いを込め、何千年も私たちは相撲を取り、愛し、ともに歩んできた。今日、この瞬間も、その一つの表出なんだと思った。

ハワイから来たおすもうさん

さて、一瞬で現実に帰っておにぎりを食べようと荷物を置いてある席に行くと、一緒に来ていた金井真紀さんが偵察をしてくれていて、「ねえねえ、和田さん、ハワイの親子三代のおすもうさんが来てるよ」と言う。親子三代？　ハワイで？　それは会いたい！　さっそくハワイ商工会議所の方に通訳をお願いし、話を聞いてみることにした。

話を聞いたのはケナ・フェフナンさん。ナイス・トゥ・ミーチュー。と、いきなり、「じつは一昨日、相撲の全米選手権があり、そこで優勝したんですよ」と言う。すごい！　ケナさん、現役のおすもうさんであり、この大会にはアメリカ・チームのコーチとしてやってきた。

今や相撲は世界のスポーツで、四〇か国以上が参加する相撲の世界選手権大会が毎年行われているが、ケナさんはその世界選手権大会や全米選手権大会などで計五〇回も優勝しているとか。

「マジですげぇ〜」などと叫ぶ私。

ケナさんのお父さんのロジャーさんも、弟のジェイクさんも、娘のクリアちゃんとケンジーちゃん、息子のキリアン君も、家族全員がおすもうさんだという。

「地元のカフク高校レスリング部のコーチだったジョン・ジャック先生が開いていた相撲教室へ、父に連れていかれたのが最初です。もう三四〜三五年前ですね。以来、私は世界中の人と、多くのイベントや競技会で相撲を取ってきました。ハワイでは高見山《たかみやま》、曙《あけぼの》、武蔵丸《むさしまる》や小錦《こにしき》といった偉大な関取たちとも胸を合わせてもらったことがあります。また大学相撲のチャンピオン、フィタイ・スアやキモ・アアオナとも稽古をしました。これまでハワイから日本の大相撲界入りしたのはウェイン・ヴィエラ(神生《かみき》岩竜太《いわりゅうた》)、ケカウオハ・ビジオ・カレオ(南富健三《なんふうけんぞう》)、ティラ・トゥリ(高見州大吉《たかみしゅうだいきち》)、最近ではフィアマル・ペニタニ(武蔵国真武《むさしくにまむ》)といった人たちがいましたが、さまざまな理由でハワイへ戻っています。こうした活躍をされた方々に比べると、私がやっていることは大したことではありません。それでも次世代の子どもたちのため、相撲を取り、相撲を教え、日々学んでいるんです」

明治元(一八六八)年に日本からハワイへ移民が渡り、望郷の念から神社仏閣を建てた。そこで奉納相撲が行われたのが、ハワイ相撲の始まりだ。明治三六(一九〇三)年にはハワイの各島々から代表選手が集まる「大寄せ相撲」なる大会も始まって、ハワイ相撲の歴史は古い。これはハワイ、是非一度行ってみたくなるではないか。

ハワイアン・スピリットと大相撲スピリット

それにしてもケナさん、どうして相撲がそんなに好きなんですか？

「相撲は激しいファイティング・スピリットを持ちながら、勝っても負けても学ぶところがあります。子どもたちに勝負に勝つことと同時に、頑張ることの大切さと謙虚さを教えることができるのはすばらしいことです。相撲は勝っても負けても礼をするでしょう？　スポーツマンシップを形として見せるのはすばらしいです」

聞いていて、長居相撲道場の加賀美先生もほとんど同じことを言っていたのを思い出した。

「勝つことも大切ですが、全国大会が行われる国技館に親御さんに連れてきてもらって相撲が取れることを感謝する気持ちを持ってもらえたら、と思います。長居道場では相手に勝つ前に、いい稽古をして自分に自信を持つこと、たとえ勝っても相手の気持ちを慮ることが大切だよと普段から教えています」

加賀美先生は昭和五一年三月に出羽海部屋に入門し、加賀美そして出羽翠《でわみどり》の四股名《しこな》で相撲を取り、昭和六二年五月に引退したプロのおすもうさんだった。それでも「勝つ」ことよりも感謝や謙虚さのほうが大事だという。

そういうものなのですか？　と聞くと、「私の言ってることは、ぜんぶ師匠である出羽海親方から教わったことなんです」と言う。

「師匠に教わったことは、とても一言では言い尽くせません。あらゆることを教えてもらいました。相撲は競技であり、必要なのは技術の向上です。でも相撲道となると、それは気持ちのことであり、自分です。戦う相手は自分なんです」

相撲道と聞くと私は少々ひるむ。そのことばには明治〜昭和初期の国体思想が関係するからだ。一九三八年に出版された『四股を踏んで国策へ』（後に『相撲道の復活と国策』、さらに『武道としての相撲と国策』と改題／藤生《ふじお》安太郎《やすたろう》著、大日本清風会）という本では相撲道として、勝利に対する禁欲と謙譲を要求し、試合の勝敗よりも試合に至る修行が大事とした。それが今に通じる相撲道でも基本にあるが、おそろしいことに当時はそれが国民総武士化、国民の修行の道、天皇に奉仕する優秀な兵士につながっていた。当時のナショナリズムに染まった日本では、「力士が土俵に上るは、武士が戦場に赴くのと全く同様の精神でなければならない」などということが、相撲道の帰着の概念として喧伝されたのだ。でも実際に相撲を取るおすもうさんたちが、そんな思想を持っていたかと考えると、それはないんじゃないか？　と想像する。この本が書かれた数年後には多くのおすもうさんたち、とくに若くて序ノ口から幕下のまだ身体ができていないおすもうさんたちが戦地に送られ、大勢が亡くなった。その実人数は未だわからないそうだ。おすもうさんたちは国体思想を唱えたい人たちに、そのシンプルな競技ゆえの純粋さで余計に利用されたんじゃな

いか?

もちろん、加賀美先生の言う相撲道は、スポーツマンシップとしてのものだ。加賀美先生は一六歳から二七歳までを相撲部屋で過ごし、今は障がい者介護の仕事をしながらボランティアで子どもたちに相撲を教えている。発達障がいのある子たちの相撲教室も開き、土俵の上に多様性を輝かせる。加賀美先生にとって相撲の師匠はもう一人のお父さんのような存在で、自身も師匠の一つ一つのことばにうなずきながら成長した。おもしろいことにそうした相撲部屋での親方と弟子の在り方を、ケナさんはハワイの先住民的な大家族主義に通じると言う。それこそがハワイアン・スピリットの原点なんだそう。

「ハワイアン・スピリットを語るには、「家族」のつながりがまず重要です。自分が得た知識をオハナ(=子ども/同じ家に住む者)に伝承していく、それが大切です。その考え方は相撲部屋にも通じるのでは

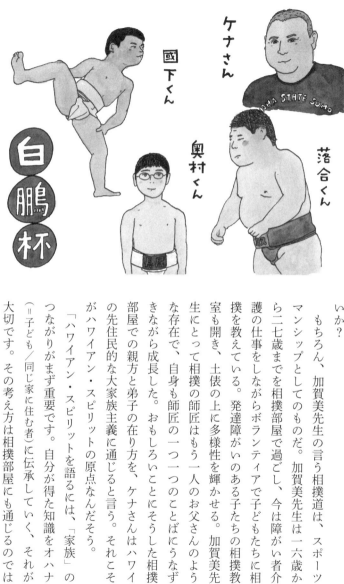

ないでしょうか？　親方にとって弟子は家族同様でオハナである。弟子たちは教わったことを実践し、一生懸命戦い、自分の行動に責任を持つようになる。僕が親しくさせていただいている武蔵丸親方も、武蔵川《むさしがわ》部屋をご夫婦で営まれ、お弟子さんたちを家族のように育てているのがわかります」

ケナさんと加賀美先生は国籍も人種も年代も違うけれど、同じおすもうさんの列に連なり、とても近いスピリットを抱いて、多様な家族の在り方の中に身を置いてきた。ハワイに大阪に両国と、おすもうさんの列は世界を駆けるのだ。

相撲が大好きでここに来た

そんな話をしているあいだに、長居道場の奥村君の取組の時刻、一二時四〇分がやってきた。相撲教習所の土俵で、奥村君が出る小学五年生のトーナメントが始まった。

中はすごい人だかり。少年たちの熱戦に仲間や親が大声援を送る。私の隣りに立つ小柄な男の子は「先手取って、主導権取れ！」とか、まるでコーチのようなゲキを飛ばしている。おもわず「すごいね！」と言うと、「僕は次のブロックに出ます。これです、これ」と私の持っていたトーナメント表を取り上げ、自分のページを指す。小学四年生だ。「当たるのがモンゴルの子。強いだろうけど、勝ちたいです」とまっすぐ言う。残念ながら彼は一回戦で敗退したけど、すてきな小さなおすもうさんだった。

さて、お父さんと一緒に出番を待つ奥村君は前日や朝とは大違いの緊張した面持ち。順番が最後のほうだから、だいぶドキドキしながら待つことになったが、戦う相手は相撲の盛んな奄美大島の相撲クラブに所属する細身で背の高い少年。奥村君、自分の足を叩いて気合を入れる。

「はっきよい、のこった！」

背の高い相手の手がバチン〜！　小柄な奥村君の身体に突きが入った。それで勝負が決まったかもしれない。残念ながら敗退。負けてからお父さんに撮ってもらっていたビデオを何度も見直した。

「相手がどう出てくるのかわからなかったし、身体が大きい。少しずつでも身体を大きくしたいけど、そんなに大きくはなれないかもしれないから、身体の大きい國下君ともっと申し合い（稽古）をたくさんして、身体の大きな人との取組に慣れていきたいです」

自分の相撲を振り返って話す奥村君。「どうやったらやめられるか」なんてことばを鵜呑みにして悪かった。照れ隠しだったんだね。小さな身体で一生懸命に戦うおすもうさんだ。一瞬でも疑った自分が情けない。

続いて國下君の番がきた。「ずっと座ってたから、四股踏《しこ》んで準備します」と、本番の三〇分以上前に国技館の廊下に出て、黙々と四股を踏み始めた。

「普段も道場では一〇〇回四股を踏んでから稽古が始まります」

その心にはメラメラと炎が燃えていた。本人は言わないけど、本当は将来、プロのおすもうさんになりたいんだとお父さんがこっそり教えてくれた。奥村君も四股を踏む國下君をなにも言わずに見つめる。さぁ、いよいよ試合だ！

教習所は熱気が高まり、中は汗が出るほど暑い。人が多くて肝心の土俵がよく見えない。あれあれ？ と思っていたら奥村君が「もう始まってるよ！」と言う。えっ？ と思ったら、もう國下君が相手と組んでいた。「わあわあわあ！」「☆◎×＊▲！」聞き取れない、いろいろな声が飛ぶ中、寄り切りで勝ち！ やった！ 一回戦突破！ 強いよ。

ところが二回戦は、奥村君も敗れた奄美大島のクラブに所属する六年生と当たり、敗退。國下君は下を向いて黙り込んでしまった。お父さんが小声で言うには「自分は強くなってると思ってたのが負けてしまい、悔しいんですよ」とのこと。相撲って、思うようにはいかない。でも、だからこそ、またやるんだよね？

二人は自分たちの席に戻り、まわしをはずし、漫画を読み始めた。読むのは相撲漫画の『火ノ丸相撲』だ。國下君は「周りが大きくてみんな気迫がすごかった。相撲の展開も速い。自分はスタミナ切れが早かったから、もっと走り込みをします」と言う。横綱白鵬が大好きな國下君、こつこつ稽古して、いつか国技館の土俵を沸かせる関取になってほしい。小さなおすもうさんの二人、相撲が大好きで、ここに相撲を取りにきた。

一二〇〇人の頂点に立った

私はまた土俵下に戻り、中学生予選の後半を見始めた。中学生にもなると身体は大きく、大相撲の幕下クラスな熱戦も飛び出す。オッ！　と目を引く子もいて、中でも奄美大島から来たモミアゲの中学三年生、西加《にしか》陽斗《はると》君は独特の雰囲気を持っていた。将来の大相撲スター候補？　に声を掛けると「いえ、僕には夢があるんです。学校の先生になって子どもたちに相撲を教えたいので大相撲には行きません」ときっぱり言う。相撲が盛んだという奄美大島で、祖父の影響から相撲を始めた中学生のおすもうさんが夢を持って相撲を取っている。どうか、彼の夢が叶いますようにと祈りたくなった。

そして一六時二〇分、太鼓がドンドンドンドンドン！　と打ち鳴らされ、朝から行われてきた学年ごとの予選を勝ち抜いた少年たちによる、決勝トーナメントが始まった。

小さな身体がまん丸でプリップリッとした小学一年生の子たちから順に熱い相撲を繰り広げ、奥村君が出場した五年生にもなると、大きい！　強い！　スッとした蹲踞の姿勢もおとなのようだ。國下君の出場した六年生の部では、意外と身体が小さい子が優勝した。これぐらいの年齢になると体の大きさにかかわらず、相撲の技術で勝てるんだ。そして学年分けのない中学生の部は一二ブロックから予選を勝ち上がった一二人が戦う、壮絶な決勝トーナメントになった。

「押忍！」で私を圧倒した鳥取チームの落合君はもちろん予選トーナメントを順調に勝ち抜い

た一二人中の一人だった。初戦、土俵に上がると何度も足でならし、ゆっくり腰を下ろす。表情をまったく変えず、不気味なほど存在感がある。これで一五歳って……。

「はっきよーい、のこった！」

瞬く間に相手をのけぞらせ、押し出しで勝ち！　まったく負ける気がしない。落合君はそのまま準々決勝、準決勝と次々勝ち進む。土俵下では倉本先生が厳しい目で落合君を見つめ、勝って戻ってくる落合君に作戦だろうか、なにかことばをかけ、落合君はうん、うんうなずく。倉本先生も一緒に戦っているようだ。

そして中学生の部、決勝は落合君と手計太希《てばかりたいき》君の対戦になった。千葉県・柏相撲少年団の手計君は中学三年生。お兄さんは大相撲の琴勝峰《ことしょうほう》だ。一七七センチ、一〇五キロ。一方の落合君は一七七センチ、一三五キロ。二人ともすでにプロも真っ青な体つきと雰囲気、そして強さを誇る。

土俵がきれいに掃かれ、審判が塩を撒いた。白鵬が「みなさん、大きな拍手をお願いします！」とアナウンスし、会場中が拍手で二人の戦いを迎えた。

東、手計君、西、落合君。

手計君は顔を叩き、気合を入れる。落合君は肩をいからせ、それまでと同じように静かな表情で土俵に上がった。あちこちから応援する声がかかり、こちらも気持ちが高揚する。二人は土俵を足でならし、身体をゆらし、集中をはかる。やっと仕切り線のところに二人が手をつくと、審判の後ろに座る横綱が身を乗り出して見る。シーンと静まり、緊張した空気が国技館を包んだ。

「はっきよい、のこった！」

立ち合いは手計君のほうが一瞬早いようだったけど、瞬く間に落合君が上手《うわて》を取り、胸が合い、そのままぐんぐん、ぐんぐん押して、ドーンっ！

手計君が土俵下に背中から落ちて、落合君の勝利！

「うわあああああああああ！」

大歓声が巻き起こり、右手を上げて勝利を喜ぶ落合君。手計君は前のめりになって息を荒げ、悔しそうな顔をする。土俵を降りた落合君はいちもくさんに倉本先生のところへと走り寄り、抱き合って喜ぶ。私もこれは！と思って土俵下に走っていくと、あんなに「押忍！」だった落合君が人目をはばからず涙をボロボロ流してわんわん泣いている。

「おめでとう！」声をかけると「うれしいっす！」と言って、またわんわん泣いた。すごいすごいすごい！「自分の相撲を取るだけっす」と言っていた一五歳。本当に自分の相撲が取れた。圧倒的に落ち着いていた。小さなおすもうさん、いや、まぁ、小さくはないんだけどね、落合君。一二〇〇人の頂点に立つ、おすもうさんになった。

2

女性のおすもうさん

北海道・福島町

気っ風がいい人

去年ダイエットをしたの、と彼女は言った。

医師に高血圧を指摘され、一年半で体重を三〇キロ落とした。それは大変でしたねぇと驚くと、「ぜーんぜん。あたしくらいのデブになるとね、三〇キロなんてすぐだよ。あはは」

朗らかに笑った。

「最大で一四〇キロあったからね。太ってて一番困るのは飛行機に乗ったとき、客室乗務員に「アレください」って言わなきゃなんないこと。お腹が出てっから普通のシートベルトじゃ足りないのさ。小さい声で「アレ、あります?」って言うの。したら延長ベルトをくれる。今はもう痩せたから「アレ」って言わなくて済むんだよ。この差は大きいよ」

人懐こくて、おおらかな話しぶり。血圧が高ければしんどいこともあっただろうし、楽なダイエットなんてないはずだ。でもこの人は、あくまでものびのびしている。

山本静香《やまもとしずか》さん、四四歳。東京在住、仕事はトラックの運転手。「おでぶ山」という四股名は、女相撲の世界ではよく知られている。北海道福島町《ふくしまちょう》で毎年五月に開催される「北海道女だけの相撲大会」で最多の優勝回数を誇り、前人未到の四連覇の記録をもつ。不動の大横綱だ。

二〇一九年の春先、初めておでぶ山さんに会った。非番の日の昼下がりに話を聞かせてくれるという。待ち合わせ場所に現れたのは、見るからに「気《き》っ風《ぷ》がいい人」だった。厚みのある体をグレーのウィンドブレーカーとパンツに包み、足元は黒いスニーカー。短髪で化粧っ気もない。

「近くのファミレスでいいかい?」

なんて言ってのしのし歩いていく。後ろをついていきながら、なんだか男性のトラック運転手と一緒にいるような錯覚をおぼえる。でもファミレスのテーブルに向き合って座り、その丸顔がほころぶと、失礼ながら「わ、かわいい」と声が出そうになった。おでぶ山さんは横綱の鶴竜《かくりゅう》が好きらしいが、おでぶ山さん自身もまた鶴竜みたいにキュートなのだった。

しーちゃんは男の子みたいだった

北海道の岩見沢《いわみざわ》生まれ。子どもの頃から、やたらと元気で活発だった。

「妹はお人形さんごっことかしてるのにさ、あたしは木に登ってクワガタ捕ったり、田んぼに突っ込んでってドジョウいねえかなぁって暴れたり。そんなことばっか」

そう言って、今にもドジョウをすくいそうなピカピカした顔で笑う。後日お母さんにお会いしたときも、「しーちゃんは、まったく男の子みたいだった。力持ちで、正義感が強くてね」と話してくれた。小学一年生のとき、友達が上級生にいじめられたのに抗議して、五年生の男子に立ち向かっていったこともあったとか。優しいし、かっこいい。

当然、スポーツも得意だった。一〇代の頃、空手と柔道を少しかじったが、

おでぶ山

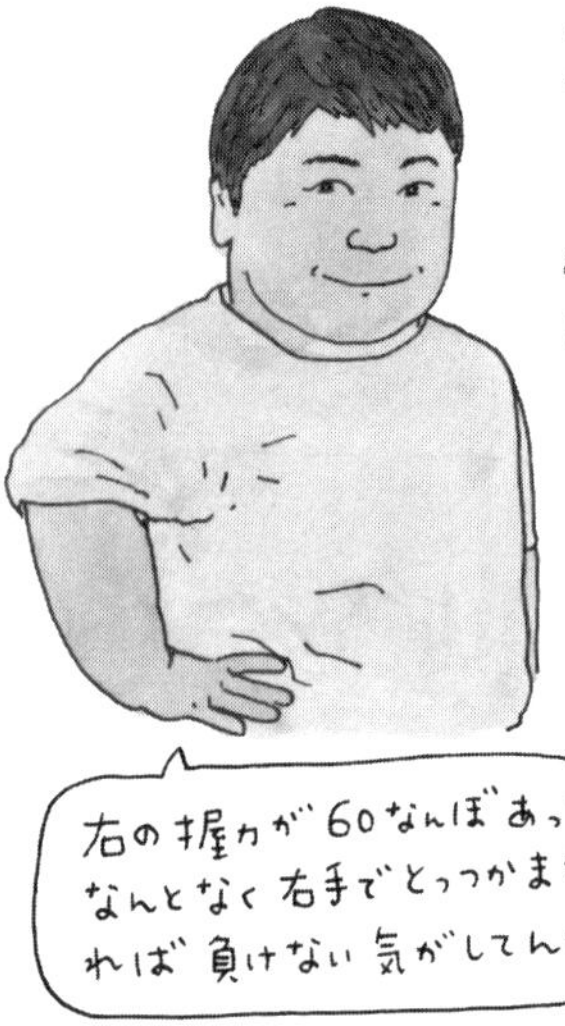
右の握力が60なんぼあって、なんとなく右手でとっつかまえれば負けない気がしてんの。

「おもしろくなくなって、やめちゃった」

おでぶ山さんは下を向いて、さらっとつけ加えた。

「弱くてつまんなかった」

「……？」

一呼吸置いて、わたしは理解した。相手が弱くてつまんなかった、という意味だと。大都会ならともかく、地方都市では競技人口は限られている。中高生なら練習も試合も男女別で行われるのだろう。対戦スポーツで、自分だけ突出して強かったらつまらない。

高校卒業後、おでぶ山さんは地元の土建会社に就職する。工事車両の免許を取って、全国各地に出かけて、現場仕事に夢中になった。そして体重は増加の一途をたどる。

「なんせ食べるしね。その頃には三桁（一〇〇キロ）いってたんじゃないかな。三桁の人生長いよー、へへへ」

選んだ仕事も自分のありようも肯定して生きるおでぶ山さん、きっと工事現場のおじさんたちに愛されただろうなぁ。

「したらあるとき、職場の人が言い出したの。「お前みたいにデブの人が集まる大会あるぞ。ちょっと行ってみればいいべや」って。「勝てるわけねえじゃん」「出てみたらいいべ」なんてね、言ってるうちに出ることになった」

それが北海道・川湯温泉の「全道女相撲選手権大会」だった。昭和の名横綱・大鵬《たいほう》の故郷で開催される大会（現在は行われていない）。おでぶ山さんは初出場で準優勝をかっさらった。翌年、今度は福島町の「女だけの相撲大会」に出場し、見事優勝を果たす。二〇〇四年、二八歳の春だった。

「最初はね、デブが相撲やるなんて恥ずかしいなって思ったの。でもやってみたら快感。遠慮なく人にぶつかるって気持ちいいなーってさ」

体と体を思い切りぶつけ合うことが新鮮で、ただただ楽しかったという。機嫌のいいニコニコ顔で相撲を取りまくるおでぶ山さんの姿が目に浮かぶ。もちろん人並み以上に強いことは自覚していて、

「細い人が相手だったら、遠慮しながらやるよ。（相手の体を）飛ばしちゃって「やべぇ」ってこともあった。そういうのは嫌だから」

気は優しくて、力持ち。その性質は子どもの頃から変わらない。

重いけど身軽なのさ

相撲がきっかけとなって、おでぶ山さんの人生は予想外の展開を見せる。札幌の相撲指導者・山本豊次《やまもととよじ》さんが、まずその素質に惚れ込んだ。おでぶ山さんは一対一で稽古をつけてもらって、

勧められるまま全日本女子相撲選手権大会に三回出場する。準優勝止まりだったが、突如現れた新星に相撲関係者は驚愕。国士舘大学相撲部から「うちで練習して、日本一を目指さないか」との誘いが舞い込んだのは、三〇歳になったばかりの頃だった。

「北海道も土建の仕事も好きだったから、迷ったよー。家族は「しーちゃんの好きなようにすればいいよ」って言った。で結局、東京行くことにしたの。あたしほら、重いけど身軽なのさ、ははは」

国士舘大学がおでぶ山さんに用意してくれた東京の就職先は、オフィスの内勤の仕事だった。「そういうのは向いてませんので」と速攻で断ったという話がおかしかった。改めて自分で見つけた仕事が、トラックの運転手。

「でね、相撲よりトラックに夢中になっちゃった。楽しいよー、トラックの仕事は。なんせ、いろんなところに行くでしょ。いろーんな景色が見られるんだから。あそこのサービスエリアのアレがうまい、なんて言い合ってさ」

しみじみとトラック運転手の仕事を称えるおでぶ山さん。この人は、なにが自分を喜ばせることなのか、よく知っているんだなぁ。結局、国士舘大学相撲部の練習からは数年でフェードアウトしたらしい。だけど今も東京に暮らし、トラックの運転手をしている。

「積荷は一袋三〇キロの米とか豆。それを一〇〇袋とか二〇〇袋とか、ポンポンってトラックに積むんだよ。そりゃあ、いいトレーニングになるっしょ」

痩せないと命が危ないと言われて

東京に住みながら、福島町の大会には毎年出場していた。圧巻の強さで、何度も優勝をもぎ取った。「おでぶ山の強さが見たい」と言って大会に足を運ぶファンも多い。二〇一三年、一四年、一五年、一六年と四連覇を達成。

「じつはね、五連覇したらスパッとやめて、それからダイエットしようと思ってた」

とおでぶ山さんは告白する。一時代を築いた女王。だが四〇歳を過ぎて相撲をやめるきっかけを探してもいた。血圧はどんどん高くなり、医師からは痩せないと命が危ないとまで言われていたらしい。五連覇を区切りにしよう。ところが——。

二〇一七年、五連覇をかけて臨んだ大会。おでぶ山さんは準決勝で不覚を取り、決勝戦にたどり着かなかった。

「変な負け方しちゃってさぁ。あれじゃ終われないよね。でも血圧は待ってくれないから、先に痩せることにしたんだよ」

それが、三〇キロのダイエットだった。体重は一〇三キロまで落ちた。もう少し絞るつもりだという。翌二〇一八年大会は仕事の都合で出場できず、宙ぶらりんのまま今に至る。おでぶ山さんは状況を説明したあと、

総重量は25トンでーす。

笑顔をこちらに向けた。

「どうしたらいいと思う?」

最近いろんな人に、続けるべきかやめるべきか相談しているのだとか。むう、横綱から引退時期を相談される、その重み。わたしが答えられずにいると、おでぶ山さんはわざと軽い調子で言った。

「べつに負けたっていいじゃんね。勝てなきゃ意味がないって考えてる自分が嫌だなーと思って。だって最初の頃はほんとに楽しかったんだもん。相撲を取ることが純粋に楽しかった。それが今では、決勝戦の前は緊張して青い顔してさ。そんな自分が嫌なのさ。また楽しい気持ちで相撲が取りたいけど……」

そして、ニコニコしてつけ加えた。

「まこを見てると、あの頃の自分を思い出すんだよね。『まこ、楽しいべ?』『楽しめ～、頑張れ～』っていつも思ってる」

「まこ」とは、「まこデラックス山」のことだ。おでぶ山さんが五連覇に届かなかった二〇一七年にベールを脱いだ大型新人。初出場で優勝をさらい、翌一八年、おでぶ山さんが欠場した大会でも優勝。あっけなく二連覇を成し遂げた。

おでぶ山さんとまこデラックス山さんはともに東京住まい。ときどき会ってごはんを食べる仲らしい。

「あんな強い子が出てきたから、もうやめていいかもって気持ちになってる。まてに思いっ切り投げられたら、終わりにする踏ん切りがつくのかなぁ」

インタビューが終わると、おでぶ山さんは片手をさっと上げて挨拶し、のしのしと、しかし軽やかに雑踏に消えていった。あぁほんとに「気っ風のいい人」という言い方がぴったりだ。

まこさんはジムの希望の星

水曜日の夜九時、東京都昭島《あきしま》市、総合格闘技の小さなジム。わたしは、まこデラックス山こと西山《にしやま》まこさんの練習に同行させてもらった。

「オッス」

「ども」

短く挨拶しながらジムにやってくる男たち、この夜は四人。ふわふわ歩いている人は一人もいない。空手、柔術、ボクシングなど経験してきた競技はさまざまらしいが、体幹とか筋肉のつき方とかが尋常じゃない感じがプンプンする。この猛者《もさ》たちに混ざって紅一点、まこさんは練習を積んでいるのだ。

前半はグローブをつけてボクシングのスパーリング。みんな三分間の打ち合いで息はゼイゼイ、汗はだくだく。こ、こりゃすごい……ぼんやりしていたら死ぬやつだ……。わたしはジムの隅っこで身を縮めた。まこさんのパンチが決まると、「いいよ、ヨコヅナ!」と声が飛ぶ。そこでまこさんがホッと力を抜くと「終わったあと‼」と野太い声。そうだ、ボクシングも相撲も、最後まで気を抜いちゃいけない。

後半は、まこさんのために相撲の練習メニューが組まれていた。まずは一人が壁に背をつけて中腰になり、それをもう一人が持ち上げて崩す練習。まこさんが崩す側に回ると、さすがの猛者たちでも足がぐらついたり倒されたりする。まこさんの怪力、ブラボー！　続いて帯を腰に巻いて、組み合っての稽古だ。「右を差されたところからおっつけて、頭をつけて突き上げる」を反復練習する。とりわけまこさんに対しては、体の向きや力の入れ方など細かく指導が入る。

「まこ、このシチュエーション絶対あるぞ！」

「相手はお前のこと研究してくるんだかんな！」

「ヨコヅナ、土俵際で粘れ！」

「まこ」とか「ヨコヅナ」とか呼ばれるたびに、まこさんはヘロヘロになりながらも、

「はい！」

と食らいついていった。ジムの先輩たちが、この若い女力士に惜しみなく技術を授けようとしているのが伝わってくる。まこさんはみんなの希望の星なのだ。

自分より力が強い人に会ったことがない

「なんでこんなに楽しいのかわかんないくらい楽しいです」

まこデラックス山
好きな食べものはごはん。2合食べたこともあります！

そう言って、まこさんははにかんだ。ミックスグリル定食、ごはん大盛りをペロリと平らげ、デザートの抹茶パフェにさしかかっていた。旺盛な食欲、お肌はもちもちすべすべ、ストレートの黒髪はつやつや。二四歳の輝きに、うっとりする。

「毎週水曜日にジムに行くのが、ほんと楽しみで。毎回、反省点があってそれがまた楽しいんですよね。ダメ出しされると、もう朝から晩までずっとそのこと考えて、よーし次の練習までに修正するぞって燃えるんです」

おでぶ山さんが「まこは今、楽しくて仕方ない時期だべ」と言っていた、その通りなのだった。相撲に出会って三年。「もっと早く相撲に出会いたかったなぁ」「相撲してなかったときのこと、もう思い出せないくらい」って、まるで恋のようだ。

まこさんは、北海道知内町《しりうちちょう》で四人きょうだいの二番目として生まれた。家の前はどーんと津軽海峡。お父さんは漁師で、おもに牡蠣の養殖を手がけている。お母さんは剣道四段の腕前で、少年団の指導者をしていた。だから四人きょうだいはみんな剣道を習った。

子どもの頃、将来はなにになりたかったのかと問うと、

「パン屋さんかな。でも小学校高学年の頃にはもう、

介護の仕事がしたいって考えてましたね」

とまこさん。同居していたおばあちゃんの体が不自由だったことが影響しているという。中学では生徒会長を務めた。しっかり者だ。そして――。少女時代のまこさんを特徴づける最大のポイントは、力持ちだったこと。

「自分より力が強い人に会ったことないです」

さらりと言う。小学校の相撲大会ではいつも男子を負かしていた。テニスをやれば、サーブの威力が桁外れ。遊びで円盤を投げて「投てき競技で全国大会に行ける」と言われたこともあった。

「だから自分は人より力持ちだということは昔からわかっていました。たとえばほら、こんな感じで……」

そう言って、スマホに保存された動画を見せてくれた。まこさんが正面を向いて立っている。その肩に大柄な男がぴょんと飛び乗った。まこさんはビクともせずに受け止めて、ほほえんでいる。

「わ、なにこれ、すごい！」

声をあげるわたしに、まこさんは淡々と告げた。

「女の人だったら、(肩に)余裕で二人乗せられますね」

あぁ、この人は神様から特別な能力を授けられた人なのだ、としみじみ思った。パクパクと抹茶パフェを頬張ると、黒髪がゆれる。なんだか日本昔ばなしに出てくるかわいらしい怪力の女の子みたいだ。

そういえば、平安時代に書かれた『日本霊異記』や鎌倉時代の『古今著聞集』など、各地に伝わる民話を集めた説話集にも「力持ちの女の人」が登場する。小柄でおとなしいご婦人が、ピンチになると指二本で悪いやつをぶっ飛ばした、みたいなストーリー。女は弱い存在だという常識を覆す物語は痛快だ。おでぶ山さんもまこさんも、昔ばなしの怪力女の系譜に位置する異能の人である。

わたし、その人に勝てると思う

まこさんは高校在学中にヘルパーの資格を取得した。卒業後に上京し、埼玉県の障がい者施設に就職。現在は東京都多摩地区のクリニックで働きながら看護学校に通っている。「なんで東京に行こうと思ったんですか？」と尋ねると、照れながら言った。

「小さな頃からFUNKY MONKEY BABYSが大好きだったから、（メンバーの出身地である）八王子はわたしにとって聖地で。「高校を出たら、八王子に住む！」ってずっと決めてたんです」

さて東京に出てきて数年が経ったある日、故郷・北海道から「女だけの相撲大会」のニュースが流れてきた。まこさんの実家がある知内町は、大会が開かれる福島町のお隣りなので、大会はよく話題にのぼる。「おでぶ山」という力士がとにかく強い。四連覇を果たした。向かうところ敵なしだ。そんな噂を聞き、まこさんは母親に電話して言った。

「わたし、その人に勝てると思う」

その時点では、おでぶ山さんがどんな体格でどんな相撲を取る人なのかぜんぜん知らなかった。まこさん自身、上京後は運動らしい運動をほとんどしていなかった。だけど、なにしろ人生で自分より強い人に会ったことがないのだ。たぶん勝てる、と素直にそう思ったという。するとお母さんも乗ってきた。

「うん、まこなら勝てる。来年、出てみたら？」

それで二〇一七年大会に初めてエントリーした。「まこデラックス山」という四股名はお母さんが考えた。「テレビで、マツコ・デラックスさんの首の後ろから背中にかけてのラインを見るたびに、うちのまこに似てるわぁと思ってたのよ」とはお母さんの弁。

二〇一七年大会は波乱の展開だった。先述の通り、五連覇がかかっていたおでぶ山さんはトーナメントの途中で予想外の敗退。まこさんは、おでぶ山さんと当たることなく優勝を果たした。優勝後、報道陣に囲まれて聞かれた。

「なにかやっているんですか？　柔道とか？」

「いいえ、なにも……」

翌二〇一八年、おでぶ山さんは欠場。まこさんはすんなり二連覇を果たした。またインタビューで聞かれた。

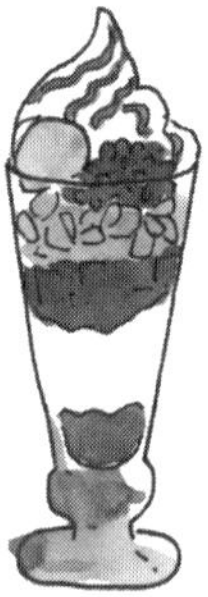
オフの時は、お酒飲んで、ダーツして…ライブや格闘技を見に行くのも好き。

「どういう練習をしているんですか？」

「いや、なにも……」

二年続けてそう答えながら、まこさんは居心地の悪さを感じたのだとか。

「なにもやってないのに勝ちましたなんて、ウザくないですか？　生意気だと思われるんじゃないかって気になっちゃって」

それで総合格闘技を習うことにしたのだという。ふはは、毎週水曜日のジム通いは「なにもやってませんと答えるのが忍びないから」というふしぎな理由で始まったのだった。

友人を介して知ったジムは、小さいながらも精鋭揃い。最初に見学に行った日、簡単に投げられた。そりゃそうだ。相手は男性だし、長く体を鍛えてきた格闘家だ。でもそれは、まこさんにとって生まれて初めて自分より強い人がいることを知った瞬間だった。

「ショックでした。すごく悔しくて……だからハマっちゃったんですよね。強くなりたいという欲。それだけです」

なにもしないで二連覇を果たしたまこデラックス山が、今さら過酷なトレーニングを始めた。これはもう鬼に金棒、弁慶に薙刀《なぎなた》、虎に翼。さらに他を寄せつけない境地へと飛躍していくに違いない。

最多優勝を誇る貫禄のおでぶ山、四四歳。

破竹の勢いで二連覇中のまこデラックス山、二四歳。

二〇一九年五月、新旧の横綱が相まみえる瞬間が刻々と近づいていた。

女が相撲を取ると雨が降る？

女相撲の歴史は古い。日本最古の記録とされているのは『日本書紀』で、采女《うねめ》（天皇に仕える女官）を集めて裸にして相撲を取らせたとある。江戸時代には見世物としての女相撲があった。一方で農村には「日照りが続いた際、女が相撲を取ると雨が降る」という言い伝えがあって、各地に「雨乞い女相撲」が息づいていた。

なんで女が相撲を取ると雨が降るんだろう？　相撲は本来、男がするもの。それを女がする。いわゆる「逆さごと」だ。『女相撲民俗誌――越境する芸能』（亀井好恵著、慶友社）に紹介されている各地の古老たちへの聞き取り調査がおもしろい。

「女がキャーキャー騒いで相撲なんか取っていると、神様が怒って雨を降らせる」

みたいなことを言う人もいれば、

「いや、女の人が変な格好で倒れたりするから、神様はむしろ喜ぶんだ。それで雨を降らせてくれる」

なんて説もある。どっちなんだ。神様は怒るのか、喜ぶのか。

「日照り続きという自然のバランスを崩すために、本来はやっちゃいけない女相撲をやるのだ」

「働きづめだった農村の母ちゃんたちにとって、女だけで相撲を取ることは数少ない遊びだった」

などの証言も興味深い。いずれにせよ、長らく「母ちゃんの相撲」には特別な力が宿っていると考えられていた。

数年前、編集者とか作家とか研究者とかふしぎな六人組で山形を旅したことがあった。中に、アナキズムを研究している栗原康《くりはらやすし》さんがいて、

「山形に来たからには、女相撲の絵馬が見たい！」

と言い出した。山形は近代に栄えた興行女相撲の本拠地で、ゆかりの絵馬が天《てん》童《どう》市の清池八幡《しょうげはちまん》神社に残っているという。当時、栗原さんは女相撲が出てくる映画『菊とギロチン』の小説化を手がけていたからノリノリだった。

神主さんが、絵馬の置かれた部屋の電灯をパチリとつけた。

「おぉ！」

石山女相撲の
絵馬を見上げる
栗原康さん

欄間にかかった立派な絵馬に、一同声をあげる。とりわけニコニコ顔の栗原さん。明治二二年に奉納された絵馬には「絵馬を奉納している石山《いしやま》女相撲の一行」が描かれていた。絵馬の中に絵馬の絵とは、なかなかしゃれている。

明治時代中期、山形の興行師が力持ちの女性を集めて「石山女相撲」という団体を結成した。一座は北海道から九州ま

で全国各地を巡業し、大人気を博す。

記録によれば、三〇人ほどの女力士がまとまって旅をして、行く先々で小屋をかけ、一か所で二、三日の興行をしていたようだ。襦袢《じゅばん》の上にまわしを締めての取組はもちろん、相撲甚句《じんく》に合わせて土俵の上で踊ったり、力自慢の芸を披露したり。この芸っていうのがすごい。一人で同時に五人の力士をおんぶ、抱っこ、肩車する「五人持《ごにんもち》」とか、仰向けに寝た力士のお腹の上に米俵を八つ乗せて、その上でお餅をつく「腹の上にて餅搗《もちつ》き」とか、スリルと興奮の出し物ばかり。観客はさぞ盛り上がったことだろう。

巡業を見にきて、「わたしもやりたい」と弟子入り志願する人も多かった。強い女性に憧れて一座に加わる女の子もいれば、わけありの家出人や身寄りがない人もいた。女性が自立することがむずかしかった時代、身一つで生きていける女相撲は女たちのシェルターの役割を担っていたともいう。

第一次大戦後に日本の領土が拡大すると、女相撲の興行先も広がっていった。京城(ソウル)、釜山《プサン》、台湾の高雄《たかお》、サイパン、パラオ、トラック諸島(チューク諸島)……。だが戦後になると、興行女相撲の人気は急速に衰えてしまう。健康的で痛快なショーだった女相撲が「キワモノ」「グロテスク」なんて見方をされるようになったことも衰退の一因らしい。昭和三〇年代、興行女相撲の火は消えた。

とはいえ、今も日本各地で女たちは相撲を取っている。祈りのため、厄払いのため、あるいはお祝いの席で。力自慢がガチで戦う大会としては、北海道福島町と岡山県鏡野町《かがみのちょう》のものが有名だ。そう、それでわたしは福島町へ行くのだった。

決戦前夜

二〇一九年五月一一日。「女だけの相撲大会」を翌日に控え、わたしは函館に飛んだ。空港でレンタカーを借りて大会会場の福島町へ向かう……その前に。

「うちの実家に寄って、牡蠣を食べていってください。お父さんが採ってきて、お母さんが料理してくれますから」

まこデラックス山のありがたいお誘いを受け、レンタカーは知内町を目指した。山に残雪、里には桃と芝桜。国道は海に面していて、津軽海峡の青さがどこまでも続く。南北海道の春はまぶしいなぁ。

ご実家に着くと、前の晩に新幹線で帰省したまこさんと優しい笑顔のご両親が歓待してくれた。

「どうぞどうぞ、散らかってますけど」

通された居間には、手づくりの応援グッズが積まれていた。ボール紙に応援メッセージを描き込んだボード。まこさんの似顔絵をプリントしたTシャツ。ド派手な色紙で「ま」「こ」「デ」「ラ」「ッ」「ク」「ス」「山」を一文字ずつ切り抜いて貼った特製うちわ。

「もう、うちはオリンピックがきたような騒ぎです」

とお父さんがうれしそうに笑う。

「ずいぶん前からカレンダーを見てね、あと何日って確認してね」

とお母さん。浮き立つ気持ちが伝わってくる。明日は親戚や漁師仲間など二〇人くらいが応援に駆けつける予定だという。お母さんはこれからお弁当をたっぷりつくるのだと張り切っている。

まこさんは大きな体をソファに預けながらニコニコと言った。

「おでぶ山さんにも『うちのお母さんがお弁当つくっていくから一緒に食べましょう』ってＬＩＮＥしたんですよ。すんごく楽しみにしてるって」

おぉ、最強ライバルは、お弁当を一緒に食べる約束をしているのか。

「おでぶ山さんと決勝で当たれたらいいなぁ」

とお父さんがしみじみと言い、一同大きくうなずく。明日いよいよ、二人の対決だ。どうなるだろう。どっちにも勝ってほしい。でも勝つのは一人だ。思いを巡らせながらお茶をいただいていると、お母さんが身悶えしながらかわいい声を発した。

「あー、ドキドキするー！」

それに対して、まこさんが優しく答えた。

「大丈夫だって」

なんだかお母さんのほうが年下で、まこさんが保護者みたいだ。ニヤニヤしながら母娘の会話を聞いていると、お母さんが言った。

「この子、昔からほんとに頼もしいんです」

そうだろうなぁ。こんなに強くて自分を信じている人は、なかなかいない。わたしは「頼もしい」ということばを噛み締めた。そのあと、出していただいた知内の生牡蠣をたっぷりと噛み締めた！

六二人の女たちが大集合

大会当日は朝から快晴だった。

「よかったねぇ。今年は神社の土俵でできる」

民宿のおかみさんもセイコーマートのおじさんも、みな口々にそう言った。雨天の場合、相撲大会の会場は体育館に変更される。過去二年は雨だったので、今年は三年ぶりに福島大神宮の境内での開催だ。

屋根つきの土俵を囲むすり鉢状の客席には、朝から数百人の観客が詰めかけていた。明るい日差しの中、緑の風が気持ちいい。

「金井さーん！」

呼ばれて振り返ると、客席の一角にまこデラックス山サポーター軍団が陣取っていた。お揃いのピンクの似顔絵Tシャツを着用して、めちゃくちゃ目立っている。最後列にいるお父さんが、わたしのためにスペースを空けてくれた。

「ここに荷物置けばいいべ。金井さんもまこデラックス山Tシャツ着るか？　あ、だめか、取材だもんなぁ」

「えへへ」

遠慮しながらも、お母さんが腕によりをかけてつくった牡蠣フライや、親戚のおじさんが勧めてくれた甘納豆のお赤飯（ザ・北海道）はちゃっかりおすそ分けしてもらう。

大会に先立って、神主さんによる土俵開きが行われた。土俵の下に参加する女力士、計六二人がずらり。大会公式の黄色いTシャツに白い短パン、その上にまわし代わりの白い帯を巻いている。いかにも「おすもうさん」という体型の人もいれば、小柄だけどパワフルな女子サッカー部風、足がすらりと伸びたバレーボール部風などさまざまだ。年齢の幅は二〇代から五〇代といったところか。おでぶ山さんとまこさんは仲良く並んで、ときどきことばを交わして笑い合っている。その一角だけ、重量感が半端ない。

開会式に続いて、花相撲。これは本割《ほんわり》（正規の取組）とは関係ない、にぎやかしの前座相撲だ。二回続けて勝った人は賞品がもらえるとあって、何人かが志願して土俵に上がった。本番じゃないから、ワイワイと気楽な雰囲気。

「ほかに出たい人はいますか〜？」

と司会者が声をかけると、なんと、前回チャンピオンのまこデラックス山が登場。

「おお〜」

会場がどよめく。まこさんは、あっけなく二連勝して賞品をかっさらっていった。あとから聞くと、

「おでぶ山さんが、出ろ出ろって背中を押すから」

と事情を話してくれた。二連覇中のまこさんだが、過去二回は雨で会場が体育館だったため神社の土俵で相撲を取るのは今年が初めてなのだ。それでおでぶ山さんが「土俵の感覚に慣れるため、花相撲に出ときな」とアドバイスしてくれたのだとか。この日のまこさんは、明るい色の口紅をさしていて美しい。

そして、いよいよトーナメント戦が始まった。最初のうちは運動慣れしていない人も多くて、ほのぼのした取組が続く。わたしも女性として生きているからわかるけど、一般的に女の人は転んだり倒れたりすると咄嗟に、

「きゃあっ」

と声が出ちゃうものなのだ。すると相手は本能的に、

「あっ、大丈夫？」

福島町はふたりの横綱を輩出した土地。「女だけの相撲大会」は1991年に始まった。毎年5月の母の日に開催されている。

と駆け寄ってしまうものなのだ。体と体をぶつけ合うプリミティブな行為の中で、人間にもともと備わっている「倒れた相手を気遣う」思いやりが無意識のうちに出てしまう。ほのぼの、ほのぼの。

　おでぶ山さんやまこさんの場合は、ぶつかる前から相手を気遣っているのがよくわかった。わざとゆっくり立って、突進してくる相手を優しく受け止め、なるべく痛くないように「よーいしょ」と土俵の外に押し出す。その圧倒的な力の差に、観客は沸いた。とくに一年ぶりに姿を現した大会の顔・おでぶ山さんの人気は絶大で、

「おでぶ山ー」

「待ってたぞー」

「中年の星！」

なんて声があちこちからかかる。

呼び出しが「まこデラックス山」の四股名を唱えると、これまた大歓声。ピンクTシャツの応

援団もゆれる。そしてまこさんの取組のとき、必ず土俵下におでぶ山さんの姿があった。どっかと座って、スマホで動画を撮るのだ。まるで、まこさんのセコンドかマネージャーという感じ。

「あたし今日、まこの応援に来てるんだからさ」

そんなことを言って周囲を笑わせている。でもあながち冗談でもないみたい。おでぶ山さんの表情を見れば、まこさんの強い相撲を心から楽しんでいるのがわかる。

もう一人、登場するたびに場内を盛り上げていたのがチャン・ティ・タムさん。ベトナム出身の二〇歳、福島町の水産加工場で働いている。タムさんが土俵に上がると、一〇人以上いるベトナム女子軍団が一斉にコールする。

「タム、コーレン(頑張れ)! タム、コーレン! タム、コーレン!」

タムさん、相撲を取るのは生まれて初めてと言っていたけどけっこう強い。勝つたびにベトナム軍団はキャーキャーと大喜びだ。カタコトの日本語で話してくれたところでは、全員が三年間の契約で来日している「ケンシュウセイ」だとか。

「仕事は、スルメイカつくる」

「住むところ、みんな一緒」

北海道の水産加工業の人手不足は深刻で、どこも外国人労働者に頼らざるを得ない状況だと聞くが、はからずもその一端を垣間見ることになった。ベトナムの女性たちにとって、思い出に残る楽しい休日になったのならいいなぁ。

午後になると、大会は白熱の度を増していく。強い人が残っていくので、「きゃっ、痛ーい」的なほのぼのした雰囲気は影を潜め、ハードな対戦が目白押し。どすん！　と頭からぶつかったり、ビュンッ！　と投げ飛ばしたり。す、すげえ、女の本気。

取組を終えたおすもうさんに話を聞くと、それぞれの人生の断片がちらっと見えて、興味が尽きない。つけまつ毛がくるりんとゆれるあかね山さんは、とび職をしているという。眼鏡をかけた文学少女風の岩清水さんは、映画『菊とギロチン』を見ての参戦。函館で介護士をしている雅山さんは、取組の直前まで小さな息子さんと手をつないでいる。茶髪をきれいに編み込んだシコ太郎さんは、ボクシング歴五年のトラック運転手。おでぶ山さんとシコ太郎さんは、喫煙所でタバコをふかしながらトラック談義に花を咲かせていた。

「そっちは、なに運んでんの？」

「冷凍食品とか。おでぶ山さんは？」

「あたしは米」

「いいっすね。トレーニングになる」

「うん」

ついに、そのときが来た

さて、第二八回女だけの相撲大会もいよいよ大詰め。

「ひがぁしぃ〜、まこデラックス山ぁ〜。にぃしぃ〜、おでぶ山ぁ〜」

二人は、準決勝で相まみえることになった。土俵を回るたくさんの懸賞幟《のぼり》を見おろしながら、客席のまこパパはブツブツとつぶやいている。

「ああ、おでぶ山さんにやっと当たれる。まこの悲願だったもんな。こりゃあ、事実上の決勝戦だべ……」

観客の誰もがこの一戦の意味を知っていて、熱気は最高潮だ。

立ち合い、二人とも思い切り当たった！　すぐにおでぶ山が頭をつける。まこデラックス山は咄嗟に引き落としを狙うが、おでぶ山はついていく。まこデラックス山が、おでぶ山の体を左右に振る。おでぶ山の重心は低く、動かない。まこデラックス山がついに右の上手を取る。そして土俵を回り込みながら、投げた！　仰向けに転がるおでぶ山。

「わーーーー！」

大歓声。しかし次の瞬間、さらに大きな歓声があがった。立ち上がったおでぶ山さんが、まこさんをぎゅっと抱き締めたのだ。大きな二人の、大きな大きな抱擁だった。

まこさんは三連覇を果たした。準優勝は秋田から来たクロ太郎丸さん（仕事はこれまたトラック運転手）。おでぶ山さんは三位決定戦を制した。表彰式で並ぶ三人は晴れやかな顔をしていた。

ご両親と記念撮影をするときの、まこさんの心底ホッとした表情が印象的だった。大きなプレッシャーがかかっていたんだろうなぁ。強くあり続けるって大変なことだ。

そして、おでぶ山さん。大会前、「まこに思いっ切り投げられたら、相撲をやめる踏ん切りがつくかなぁ」と言っていた。けど、負けた直後にそれを確認するのはためらわれた。ひとまず写真を撮らせてもらって、故郷・岩見沢から応援に来ていたお母さんにもご挨拶して、取材ノートをカバンにしまって……。なにも質問しないわたしに、おでぶ山さんのほうから声をかけてくれた。

「やっぱり、まこは強かったわ」

「そうですか……」

「来年も出て、まこに勝ちたい！　って今は思ってる。ま、明日になったら気が変わるかもしんないけどさ」

おでぶ山さんはのびのびと言った。うんうん。明日は明日の風が吹く。

どうなるかわからないけど、人生は続いていく。

日が傾いて、福島大神宮の境内を吹き渡る風はひんやり。

3

京都市

女子高校生のおすもうさん

スポーツとしての女子相撲

前章の金井真紀さんからバトンを受け継いで、私は〝スポーツ競技者〟としての女性のおすもうさんを見つめてみたい。

興行としての女相撲が、一九六〇年代前後にその灯を消してから三十数年。一九九五年七月、アマチュア相撲をまとめる日本相撲連盟が「日本新相撲連盟」(現・日本女子相撲連盟)を立ち上げ、女子の競技相撲が始まった。その定義は「体重別の階級制で行う新しいスポーツ(相撲)」というシンプルなもので、これ以降、新相撲連盟が開催する女子相撲の競技会が開かれるようになっていく。「新相撲」とは、男子の相撲と差別化するためにつけられた名称だ。

「第一回全日本新相撲選手権大会」は九七年一月、大阪「ツイン21ギャラリー」で開かれ、出場したのは中学生から四六歳の主婦まで三四人。「相撲は初めて」という選手がもちろんほとんどで、新しく考案された〝レオタード+まわしつきショートパンツ〟なるユニフォームを着て、戦う土俵は発砲スチロールをビニールシートで覆った簡素なもの。会場は商業ビルの一階ギャラリーというから、最初の女子相撲競技会は多分にデモンストレーションの様相を呈し、スポーツとは言いがたいものだったらしい。

となれば、報道も「お肉弾戦」(『アエラ』九七年二月一〇日号)、「三人娘、しこふんじゃった」(「朝日新聞」九八年一月一七日)、「ダイエットにもつながる」(「朝日新聞山形版」九九年一〇月一五日)なんて軽いノリで紹介し、選手に「本当は恥ずかしい」(「朝日新聞」九九年一一月二九日)とも言わせていた。ぜったいに〝言わせていた〟よね、うん。

でも、それも仕方ないかもしれない。なぜなら女子相撲をスポーツ競技化したのは、アマチュア相撲をオリンピック競技にしたい！という思惑からで、「相撲がやりたい！」と女性側から発案されたものではなかったのだから。オリンピック競技になるためにはＩＯＣ(国際オリンピック委員会)に加盟する必要があって、男子と女子の両方で競技が普及していなければならない。『アエラ』(九五年七月一七日号)は、「大阪が立候補している二〇〇八年大会には相撲を五輪競技に」という狙いがあるものの、女子相撲は「一部の体育大学が授業に採り入れているだけで競技者はいない。団体を先に作って競技を普及していこうという強引な押し相撲に連盟が取り組む」と書いていた。記事は「一体そんなものを誰がやる？」と結んでいて、女が相撲をやりたいと言うなんて誰も思ってもいなかったようだ。

それから二十余年。日本国内の女子相撲の競技人口は六〇〇人ほどになった。それが多いか少ないか問われたら、そりゃ少ないと言うしかない。たとえば日本での女子サッカーの競技人口は四万八三〇〇人(FIFA Women's Football Survey 2014)というから、女子相撲はまだまだマイナーなスポーツなんだ。

ところが、そのマイナーなスポーツである女子相撲部を持つ高校が京都にあると、インターネットを検索していて見つけた。京都両洋《りょうよう》高校女子相撲部。この高校に男子相撲部はない。顧問の戸山麻生《とやままき》先生がブログを書いていて、読んだらワクワクしてきた。おもしろそう！　これは是非行ってみたい！　会ってみたい！

それで本当に行ったのだけど、最初に謝っておかなきゃいけない。私は女子相撲を、今書いたようにおもしろい！　と思っていた。監督の髙橋優毅《たかはしゆうき》先生に連絡し、部員のみなさんと話しながらも、まだまだおもしろいと思っていた。でも和歌山県庁相撲部の橋本剛《はしもとつよし》元監督にお会いしたときに、「週末に姫路である女子相撲大会を見にいくんです」と伝えたところ、「和田さん、女子相撲は興味で見るんじゃなくて、競技として見てくださいね」と言われた。その瞬間、ハッとした。そうだ、まったくその通り、興味で見ていた。女子相撲が始まったばかりの頃、「お肉弾戦」と書いて競技として取り合わなかった記者と同じ、おもしろがるばかりで女子相撲そのものや、相撲を取る女子選手たちへの共感や理解、尊敬に欠けていたと恥ずかしい気持ちになった。たとえ競技人口が爆発的に増えていなくとも、女子相撲はこの二十余年間に選手たちが切磋琢磨して競い合うことで、スポーツとして格段の進歩を遂げてきていることに、どうして気づいていなかったんだろう。なので、最初にお願いします。これから心してスポーツ競技としての女子相撲について書くので、みなさんもそう読んでください。

京都両洋高校女子相撲部

京都両洋高校は京都市中京《なかぎょう》区にある、部活の盛んな私立学校だ。

二〇一四年に「相撲に励む女子中学生の受け皿になりたい」と、女子相撲部の発足を決めた。髙橋先生は当時、別の中学校で教諭をしながら男子相撲部の監督を務めていたのを、女子相撲部が創立されると聞いて監督に立候補した。

「大学時代に女子に相撲を教える機会があったんです。そのときに女子の相撲に魅力を感じましたが、まだまだ競技人口は少ない状況で、自分は教員になり、男子に相撲を教えていました。ここが創部されると聞いて手を挙げたんです」

髙橋先生は自ら関西を中心に相撲経験のある女子生徒たちに声をかけて部員を集め、二〇一五年四月に部をスタートさせた。

相撲部には、二年生が三名、一年生が五名の計八名が所属する(二〇一九年春現在)。ちなみに女子相撲は体重別。それぞれが階級ごとに戦う。

両洋高校には土俵がないので、部員は京都市内の土俵のある場所を移動しながら練習をしていて、私が訪ねた日は京都市の北のほう、立命館大学の相撲場で練習が行われていた。新幹線で京都駅に着いてから電車とバスを乗り継ぎ、くねくねと山の中腹へ上った。

「こんにちは〜」

午後二時過ぎ、相撲場を覗き込むと、顧問の戸山先生と、監督の髙橋先生、そして制服姿の八人がいた。

制服を着た八人はまったく今どきの元気な女子高生たち。日ごろ女子高校生に接する機会がほとんどない私は少々臆して、まずは先生たちのところへ挨拶に行った。そのあいだに彼女たちはTシャツに短パン、その上からまわしという現在の一般的な女子相撲のいで立ちへと着替えてきた。短パンにまわし？　違和感を抱かれるかもしれないけど、大相撲好きでまわし姿を見慣れている私には好ましいばかり。女子相撲が始まった当時はまわし代わりのベルトつきパンツがユニフォームだったのが、二〇〇一年から女子にも男子と同じまわしの着用が認められ、今では全員がまわしを巻くんだそう。ベルトより本物のまわしのほうがやっぱりかっこいい。

「イチニィサンシ！　ゴーロクシチハチ！」

八人は土俵に沿うように輪になって準備体操から始めた。腕立て伏せ、四股、そして、すり足で土俵を縦に横に素早く移動する練習。すり足の腰は低く、甲の向きもしっかり開いて安定している。「すごいね」と言うと、「体にしみこんでますから！」と二年生の正木《まさき》希《のぞみ》さんが答え、「言うとるな！」と周囲がどっと笑う。和気あいあい。髙橋先生いわく「今日はゆっくり目。大会三日前からは上げていきます」とのこと。

この日は中間テストの結果が返却され、ホッとしたところ。高校一〜二年生といえば大相撲に新しく入門してくる子たちと同年代だ。彼女たちが男子だったら、どこかの相撲部屋にいて、まげを結っていたかもしれない。

でも、男子の相撲と女子の相撲、そもそもどこが違うんだろう？「それ、みなさん、聞かはるんですよ」と、髙橋先生。

「わからないですね。女子のほうがじりじりと相撲を取っていくことが多いかなぁと思いますが、それだけでもない。女子の相撲には独特の魅力があるんですが、それがなにかと言われたら、それを探しながらやっているというのが答えです」

なるほど。私もそれを探しながら見ることにしよう。ちなみに競技上のルールは、男女で競技時間だけが違う。アマチュア相撲の男子は五分で、女子は三分で一旦止められ取り直しになる。

練習は互いの胸を借りてのぶつかり稽古（二人一組で受け手と攻め手になってやる練習）から、本格的に始まった。土俵に手をつき、ザザッと素早く立ち上がって相手にぶつかり、そのまま相手を土俵の端まで押していく。

「男子の相撲は立ち合いで七割決まるかもしれないけど、女子では立ち合いは大事でも、当たった勢いだけで持っていくことはむずかしいんです」と髙橋先生。

土俵に手をつき、立ち上がり、相手にぶつかってゆく「立ち合い」。男子ではその勢いだけで勝負の決まることがあっても、女子はそうはいかない。なるほどとうなずいたのだが、そのまま実践的な試合形式の「申し合い稽古」が始まって驚いた。「ゴンッ」という頭と頭がぶつかる鈍い音が何度も相撲場に響き、立ち合いが相当に厳しい。女子相撲が始まった当初は頭でぶつかることは禁止されていたのが、今では頭と頭で当たる激しい立ち合いがあたりまえになった。「痛くないの？」とこわごわ聞いたら、「もう麻痺ってて」なんて、みんな笑いながら言うんだ。すごい……。

申し合い稽古は激しく続き、一人それぞれ一五番(回)を取る。プロのおすもうさんだって、そんな番数あんまり取らないのに。ハードだ。息が上がり、ハアハアと苦しい呼吸音だけが相撲場にこだまする。身体を前に折り曲げ、低い姿勢で互いを牽制し合って手をつかみ、肩をつかみ、足を取り、押し合い、そのあいだもつねに動く、動く。四つにがっぷり(体を密着させて)組んでやることは少なく(とはいえ、四つ相撲が得意な子もいる)、休むことなく、とにかく動き続ける。たとえて言うと、大相撲の炎鵬の相撲のよう。女子相撲、ほぼ全員が炎鵬かもしれない! でも、柿木麻歩《かきのきまほ》さんは「大相撲は見ません。興味がないんです。そんなに参考になるとは思わないんです」と言い、ほかの部員たちも「大相撲はあまり見ない」と口を揃えて言い、自分たちの相撲とは別なものという認識なんだとか。

それでも繰り出す技は大相撲に通じるし、テクニック上の基本的なことも同じ。自ら立命館大学で相撲を取っていた髙橋先生から、大きな声で具体的な指導が何度も入る。

「脇締めていけ! 脇を開けて勝てるわけがない!」

「手を伸ばすだけで足が出ていない!」

先生の声にみんな、構える姿勢がもう一段階低くなり、下から相手を見上げる目が怖いほど真剣に輝いていた。

壁を越えてきた女子たち

両洋高校女子相撲部の八人はそれぞれどうやって相撲を始めたんだろう？

早川奈津美《はやかわなつみ》さんは小学四年生から。転校してきて友達をつくるのがあんまり得意じゃなかった彼女に、担任の先生が「やってみたら？」と勧めてくれた。小学校には土俵があり、相撲が盛んでクラブがあった。おっとりとした雰囲気の早川さんだけど、それから今まで相撲を続けてきた。

井上こころさんも小学二年生のときに地域の相撲大会に初めて出て、五年生の夏から本格的に始めた。

「先に相撲クラブに入っていた弟の影響です」

こころさんは四歳から習っているピアノと両立している。

聞けばほかの部員たちも小学生のときに相撲を始めた。なるほど、そうか。相撲は私が思っていたよりずっと生活のすぐそばにある。小学校や地域に土俵があり、誰でも相撲は始められ、女の子でも「やってみたい」と思えば、おすもうさんになれる。

そして、相撲を始めた彼女たちは小学生の相撲大会「わんぱく相撲」や「全日本小学生女子相撲大会」などに出場し、最初から相撲を競技として戦ってきた。とはいえ、小学生の相撲クラブは男女混

合。圧倒的に男子が多く、女子は少ない。小学三年生から相撲を始めた井上桃花《いのうえももか》さんは、「小学生のときは男子と取ってましたけど、嫌でした。だって相手は裸だから！」と言う。そりゃそうだ！　男女の性差を意識し始める時期に、上半身裸の異性と密着するスポーツを続けるのはかなりハードルが高い。

小学二年生で相撲を始めた中西乃音《なかにしのん》さんも「地元の相撲クラブには男子しかいなかったので、男子とだけ相撲を取ってました。とくに遠慮するとかはなかったですけど、やはり今、女子と相撲が取れるようになって、すごくいいなと思います」と言う。男の中の紅一点という自分たちの在り方とも、彼女たちは戦ってきたのだ。

さらにハードルはある。正木希さんが通っていた小学校にも土俵があり、相撲が盛んだった。正木さんは相撲部に入り、そこでは同じ学年の女の子たちと練習に励んでいたものの、「学校内で相撲大会があると、私は勝つんですよ。だってほかの人は練習もしないでその日だけやるわけだから、男子にだって勝つ。すると男子から「さすが、力士～」とか茶化される。それがめっちゃ嫌で、中学では一切相撲はやらず、ダンスをやっていました」と言う。なんだか、その光景が目に浮かんで切なくなる。強さは男子には賞賛されるものであっても、女子では揶揄の対象にされてしまう。相撲が強い小学生の女の子は、芽生えたばかりの自我の中で葛藤を抱えるしかないのか？　相撲は男がやるものという固定観念の中で、相撲が強い女は肩身の狭い思いをするしか

正木希

ないのだろうか？

でも、正木さんには中学三年生のとき、大きな出会いがあった。

「テレビで、立命館大学のレジェンドみたいな女子相撲の選手たちが特集されているのを見たんです。その人たちが堂々としているのがめっちゃかっこよくて、私はまた相撲をやることにしました」

ロールモデルが存在するとは、なんて大事なことだろう。二十余年の女子相撲の歴史がコツコツ積み重ねてきたものは、一人の人生を変えるほど大きい。

そして、両洋高校では多感な時期を過ごす部員たちの相談役として、女性の戸山先生を顧問に置いている。最初は先生自身、女子が相撲を取ることをよく理解できなかった。

「人事発表でいきなり「女子相撲部ができるから顧問になって」と言われたんです。正直なところ、女の子で相撲する子なんているん？　ぐらいに考えていました。実際に部員が集まったときには、じゃ、守ってあげなきゃ、だって女の子が相撲すると言ったらいじめられるでしょ、と思い込んでいたし。でも、女子相撲部一期生の子たちに会ったときに「相撲部ってばれへんほうがいいですね？」と聞いたら「なぜですか？　女子が相撲をしてたら恥ずかしいんですか？」と聞き返されて、隠さなくていいのか！　逆に自慢したいぐらいなのか！　と、とても驚きました。今思えば、全員が相撲をしたくてうちの高校に来た。女子が相撲を続けるのは簡単じゃないのに、そんな中でも続けてきたのはよほど相撲が好きで、誇りを持ってるに決まってる。恥ずかしいなんて思ってごめんなさいと、心とことばで謝りました」

戸山先生は、今では練習中にスマホで土俵の様子を撮って技術指導に役立て、部員たちと交換日記を交わして日々の悩みに答える。顧問になったばかりの頃には、部員たちが試合で土俵に上がる姿を見ただけで涙が出るほど気持ちが高まったという。みんな恵まれているなぁ。こんな先生たちに囲まれて。でも、ここに来るまでは男子が相撲を取るのとは違うさまざまな壁を体験してきた。その壁をよじ登り、倒し、ときには阻まれながら、この日本で唯一の女子だけの相撲部にたどり着いた。

全国女子相撲選抜ひめじ大会

高校生の女子相撲のゴールとしての全国大会は、年に五回開かれている。そのうちの一つ「全国女子相撲選抜ひめじ大会」が二〇一九年六月九日に開かれて、両洋高校女子相撲部の全員が出場した。この大会は小学生、中学生、高校生、大学生、一般が参加する混合大会。じつはほかもすべて混合で、「女子高校生だけの大会」というのは一つもない。男子高校生の相撲には「夏のインターハイ(高校総体)」や国体があるのに、女子にはない。人数が少ないから仕方ないのだろうけど、逆にインターハイに女子枠があれば、競技人口も増える気がするんだけどなぁ。

大会は朝九時にスタート。小学生の部から始まり、中高生混合の超軽量級の部で両洋高校みんなの出番がきた。最初は、早川奈津美さんの登場だ。一回戦は対戦相手欠場で不戦勝、二回戦で

井上桃花

相撲の強豪校・鳥取城北《じょうほく》高校の二年生と当たった。（この年の）四月に「国際女子選抜大会」で三位になった早川さん、当然ここは勝つ！　と私は思っていた。

「手をついて！　はっきよい！」

審判のかけ声で二人ほぼ同時に立って、そのまま早川さんが相手を土俵際まで押し込んだけど、なんと！　逆転でひっくり返されてしまった。ええっ？

横で見ていた早川さんのお母さんは「あーっ」と声をあげた。

「今朝も梅干ししか食べなかったからねぇ。緊張しいなんです。でも最初は友達が増えたらいいなぁぐらいで始めたのがここまでやってるんだから、楽しんだらいいよ！　と思っています」

娘を励ますようにそう言う。だけど、土俵から降りてきた早川さんはタオルで顔を押さえ、しばし座り込んでいた。負けたら悔しい。勝つために毎日二時間以上の練習を週に六日もしてきた。

「後悔しない相撲を取りたい。相撲は自分の好きなことだから」と言っていたけど、後悔しない相撲は取れなかったのかもしれない。「押し相撲は苦手で相手の中に入って取る相撲が得意」なのに、得意の形には持ち込めなかった。終わったあとに早川さんは「勝てると思うと勝てない」とポツリと言っていた。女子高生のおすもうさんは、勝つために戦っている。

続いて愛称「ももち」こと、井上桃花さんも超軽量級に出場した。

「一つ一つ慎重に勝ち進んでいきたいです」と練習のときに話して

いたけど、その通りに一回戦、二回戦、三回戦と順調に勝って決勝へ進む。一回戦のがむしゃらな押し出しの力強さ、三回戦でバンバ～ンと激しい二回の当たりで相手を土俵に倒してスッと立った表情、ゾクっとした。強いよ。

立命館大学の相撲場で会ったとき、「相撲はももちにとってはなに？」と究極の質問をしたら一言、「義務教育！」なんて言ってみんなを大爆笑させたけど、それ、嘘じゃないんだ。小学三年生から相撲を始め、六年生のときにはすでに両洋高校の合宿にも参加していた。彼女もまた、勝つ相撲を目指してずっと戦ってきた。ひめじの大会には両親とお姉さんが応援に来ていて、お母さんは「相撲を始めたのは本人の意志です。やりたいものがあるっていいことでしょう。ケガは心配だけど、相撲ならいいなぁ～って思ってます」と話してくれた。相撲をやる女子たちの家族は誰も「女だてらに」とか「女のくせに」とか一切言わなくて、とても気持ちがいい。

いよいよ決勝戦。土俵に立つ姿からは負ける気がしなかった。

「手をついて！　はっきよい！」

立ち合いすぐ、ももちも相手も低い姿勢のまま互いの肩を持って押し合いながらくるくると回って動き続け、同時に上半身を起こそうとする。土俵の真ん中でしばし止まって攻防があり、また動き始めてすぐの土俵際だった。投げの打ち合いのようになり、ドーン。もつれて、土俵の外

にいたのは――ももちだった。なにが悪かったたか、見ているだけじゃわからない。高橋先生がいつも部員に書かせる試合後の反省文には、「途中まで自分のペースで取れていたのに最後、気のゆるみで投げにかかってしまった」と書いていたそうだ。やっぱり、一瞬のことか。相撲はむずかしいね。どんな強い人だって負けることがある。絶対はない。

試合は軽量級に進んだ。「相手を固め、少しずつ圧力をかけ、前に出る相撲」が得意技だと話していた井上こころさんが土俵に上がった。普段はどこかひょうひょうとしたこころさんだけど、体を低くして踏んばり押し合う表情は、キリッとしている。少しずつ圧力をかけていくこころさん。でも、上半身を起こされ、倒されてしまった。「レスリングや柔道経験者も多くて、激しい相撲には弱いんです」と自分を分析していたけど、わかっていても、そうそうできない。試合を見つめていたお母さんいわく「とにかく引っ込み思案だったのがこうして相撲を取ってるなんて信じられない。大会は出る度に必ず応援に来てるんです」と、心強い応援隊長だ。

どうしても勝ちたい！

相撲を見て、あたふたとお母さんたちから話を聞く合間、ぐるり会場を見回した。ここ「網干《あぼし》南《みなみ》公園相撲場」は立派な屋根と客席のある土俵だけど、最寄り駅からちょっと遠くて、この日は駅前で行き方がわからずに困っていた、ベルギーから女子相撲の取材に来ていたカメラマンさんに声をかけて一緒にタクシーに乗った。帰りには出場選手だった大学生の佐野《さの》清香《きよか》さんを誘って一緒のタクシーに乗って駅まで行った。「いやもぉ、タクシーつかまんないとこで」ってことは置いといて、その佐野さんをテレビカメラが朝からずっと追っていた。佐野さんは全国大会で七回も優勝した選手だけど、就職のために引退するという。

大会はこの日で五回目になるものの、出場していた大学は四校だけ。せっかく小学校から中学、高校と相撲を続けても、女子には大学での受け皿は少ない。そのあと男子には相撲のできる大学はいっぱいあるし、プロになる、または実業団で活躍するという道もあるのに、女子はめったに実業団にも入れないし、入ってもほとんどが紅一点になってしまう。競技を続ける未来が圧倒的に狭い。

それでも「うちのＯＧたちは今、大学に進んで教職を取ろうとしているのも何人かいるんです。その子たちは将来的に学校で相撲を教えたい！　と言っていて、髙橋先生は「そうなったらいつ死んでもいいわ」なんて冗談言うくらい。夢が広がります」と戸山先生。少しずつ、戦う女たちが、自ら道を拓き始めている。

さて、試合は軽量級が続く。高校から相撲に戻ってきた正木希さんの相手は立ち合い直前、土俵の上でいきなりぴょんぴょん跳ね飛ぶ元気のいい中学一年生だ。希さんは低い姿勢を貫き、中に入るようにしながら組んで取って土俵を早く動き、ぐるぐる回ったが、「あっ」と一瞬で叩き落とされてしまった。「左右に動く相撲が苦手」と言っていたけど互角だったのが、瞬間的な力

の押し引きかげんで負けた。「できるなら入賞したい、三位までに入りたい」と目標を持っていたのに、この日は残念ながら叶わなかった。相手の中学一年生は最終的には中高生の中で準優勝した、とてつもない子だった。

試合はどんどん続く。キャプテンの柿木麻歩さんは二回戦まで進んだ。六歳でお兄ちゃんがやっていた相撲を始めたが、何度もやめたくなって、悩みに悩んで両洋高校に入学を決めた。「やってたらやめたくなるんですけど、やめたらやりたくなるのが相撲です。今は勝ちたい！　高校に入ってからあまり勝ってない気がするんです」と強く、強く、言う。

一回戦では相手の中に入るようにして四つに組み、一分に及ぶ相撲を粘り勝ち。二回戦も低い姿勢で相手をくるくる翻弄して回したが、最後に逆転で投げられてしまった。女子相撲、どれも一瞬の勝負。勝ち負けの行方が見分けにくく、実力は拮抗し、勝つには一瞬の駆け引きが必要になる。女子相撲の試合は目が離せない。興奮する。かつて女相撲興行が人気だった理由を、今の彼女たちの戦いに見る思いもした。

試合は中量級へと進んでいく。

まずは中西乃音さん、愛称「のんちゃん」が出場するも、一回戦で寄り切りで敗れた。土俵下に真っ逆さま、背中から落ちて、えっ？　と思ったけど、元気よく土俵に戻ってきた。のんちゃんはゴムまりみたいに勢いがある。高知から両親と妹が応援に駆けつけていて、お母さんが「小さいときから県の相撲合宿も一人でどんどん行ってしまい、我が道を行く子です」と言っていたが、それは「相撲に恋してるんです！」と高らかに宣言する、相撲の道。とにかく相撲を取ることが楽しくてたまらない。こんな女子相撲選手の登場を、三〇年前誰が予想できたろう？

試合もいよいよ終盤、田中明美《たなかあけみ》さんが登場した。彼女は（この年の）五月に開かれた全日本個人体重別選手権大会のジュニア中量級で準優勝をしているので、二回戦からのスタートとなった。

「手をついて！　はっきよい！」と、立ち合いすぐスピードある相撲で相手とほぼ同時にドス～ンッと倒れ込み、最初は相手の勝利となったが、物言いがついて田中さんの勝ち！「わあああ！」と両洋選手みんなが拍手で田中さんを迎えた。自分の出番が終わった部員がタオルを持ったり、水を持ったり、全員が応援し、協力する。

田中さんは小学二年生のときに大阪・寝屋川《ねやがわ》の「わんぱく相撲」に出ないか？と声をかけられて出場。六年生までは地元の相撲クラブで続けた。お母さんの話では、

「それが中学に入る年頃になると「相撲はいや、水泳がしたい」と言ってやめてしまったんです。でも、中学のすぐそばに相撲場があって、気になるんでしょうね。部活の帰りに覗いたら小さい子たちが入ってて「面倒みなきゃいけないから」と言って、また通うようになったんです」

と言う。田中さんの心はゆれにゆれた。

一度はやめた。でも、やっぱり、どうしても好きだから戻ってきた。「全国優勝したい」とはっきり宣言して、そのために一〇キロ近く体重を落とし、重量級から中量級に階級を下げて戦っている。もちろん、そのほうが勝てるからだ。試合前にはずっと白飯は一切食べずにダイエットしたと聞いて、びっくりした。田中さんの「勝ちたい」気持ちが、どうかむくわれてほしい。

三回戦は相手を土俵際まで押し込んでから粘られ、少し手こずるものの寄り切りで二勝目。土俵下に駆け降りると、部員たちが田中さんのまわしを結び直し、汗を拭き、いよいよ、決勝の土俵へ。みんなが胸の前で手を組んで祈るように見つめる中、勝負がスタート。

「手をついて！　はっきよい！」

相手は鳥取城北高校の二年生。田中さんより一回り大きく見える。太ももも腕も太くて力がみなぎっていて、「ああ」と思ったときには振り回されるように土俵の下に放り出されていた。勝負は早かった。「全国優勝したい」という目標は残念ながら果たせなかった。両洋高校のひめじ大会は終わった。戸山先生は「努力しても結果になかなかつながらないのですが……あの一瞬のために、日々頑張ってるんです」と言った。

戦いは続く

でも、これで終わらない。両洋高校女子相撲部の日々は続き、夏休みには東京・阿佐ヶ谷にあ

中西乃音

る。日本大学相撲部で、二日間の合宿を行った。

久々に会った彼女たちは緊張しておとなしい。練習前に髙橋先生から「一番を大事に。自分がやるべきことをしっかり意識しなさい」と指示があって全員が神妙な顔でうなずいたけど、強豪日大相撲部の雰囲気にすっかり圧倒されてなにもできないまま初日は終わってしまった。

なにせ日大相撲部の女子部員は実力者揃い。部員の全員が何れかの大会で優勝や入賞を果たし、全日本チャンピオンもいる。その人たちを前に両洋高校の生徒たちは顔を強張らせ、土俵につく手は肩に力が入り、ガチガチで動きもぎこちない。

練習を終えた井上こころさんに、「どうだった?」と聞いたら、「組んだ感じがぜんぜん違う。相撲を取れる気がしませんでした」と圧倒された面持ちで言っていた。強さって、すごいんだね。

でも、一晩寝て、翌朝九時から始まった二日目の練習はとても熱のこもったものになった。髙橋先生の「一年生から一人五番ずつ」のかけ声で、井上桃花さんから土俵に上がる。いつも以上に立ち合いから厳しく、バンッとぶつかり合う音が広い相撲場に響いた。髙橋先生、日大のコーチ二人、それに練習相手の大学生たちも全員が教えてくれる〝先生だらけ〟のすばらしい環境。濃い練習時間が流れていく。汗だくになりながらも、せっかくここまで来たんだから!という思いで食らいついていく。中でものんちゃんこと、中西乃音さんには目を見張った。

前日、緊張のあまりか立ち合いの当たりさえろくにできなくて、土俵にも上げてもらえなかったのんちゃんは、二日目も最初はおどおどした風だった。それが先生たちに「圧をかけ続けろ」「徹底的に攻めろ」と何度も言われ、実演され、ラグビーのタックル練習用バッグに何度も突っ込んで当たりを体感し、顔つきがどんどん変わり、最後は押し切って勝った。見事な押し相撲！

「緊張して自分の当たりが最初できなかったけど、改善する方法がわかったんでもっと練習します」

そう力強く言った。相撲を愛するのんちゃん。一六歳の夏は生涯忘れられないだろう。

三時間に及ぶ練習が終わり、私服に着替えたみんなはまた普通の女子高生になった。でも、それぞれに「日ごろ自分が頑張ってたやり方が違うのがよくわかったから、実践したい」「圧力がすごくて押すだけでは勝てないのでもっと動いていきたい」「もっと技を使っていかなきゃ、と思った」と興奮したように言っていて、ホント、おすもうさんなんだ、みんな。

彼女たちを迎えた日大の石前《こくまえ》辰徳《たつのり》コーチも「みんなすごく頑張っていた」と感心しきり。石前コーチは「女子は褒めて育てる、という方針です。女子が相撲を続けるのはなかなかむずかしく、やめてしまう人も多いのが現実ですからね」と、女子が相撲を続ける壁の高さを言う。と同時に、「でもじつは女子相撲、ヨーロッパでは「殴らない格闘技」と言われて女性にもとっつきやすく、人気が高いんですよ」と教えてくれた。なるほど、殴らない格闘技か！　すごくいいことばだ。ちなみに石前コーチ、私と、同行した金井さんにもとても優しくて、「ほら、アイス食べなさい、アイス」と、ニコニコ勧めてくれた。アイスをくれる人に悪い人はいないのだ！

京都両洋高校女子相撲部の日々はまだまだ続く。一人だとつらくなることも、みんな一緒だからやれる。正木希さんが「練習をしていて自分はちゃんとできてるのか？　とわからなくても、周りが見て伝えてくれ、自分の成長がわかります」と言っていた。

この先、女子相撲の未来にはなにがあるんだろう？　髙橋先生は「国体種目やオリンピック種目になることも目標ですが、僕としては、一つの競技として、スポーツとして認められていってほしいと思いますし、大相撲や男子の相撲と違う魅力をたくさんの人たちに感じてほしい」と望んでいる。先生、私もそれを望んでいます。

4

沖縄・辺野古

沖縄角力のおすもうさん〈前編〉

辺野古で、巨大なうみんちゅと会う

かんかん照りの辺野古《へのこ》の海で、わたしは途方に暮れていた。

沖では、新基地建設のための埋め立て工事が着々と進行している。その意味と経緯を考えると、胸がギュッとなる。でもそのときわたしが立ち尽くしていたのは基地問題のせいではない。

「港に行けば、すもうやってる大きな男がいるさ」

と言われて海までやってきたのに、船着き場にも漁協の建物内にもまったく人影がないのだ。

「ごめんくださーい」と叫ぶ自分の声がむなしく消えて、あとはただ、かんかん照り。

どうしよう……。どこかで時間を潰して出直すとしても、周囲に喫茶店も食堂もない。誰か来るまで、ここで待つしかないか。わたしは自販機でペットボトルのさんぴん茶を買って、漁協の前に置かれたベンチに腰を下ろした。

沖縄県名護《など》市辺野古の集落をうろうろして、見かけた人に「おすもうを調べているんです」と言うと、まず確認される。

「どっちのすもうね？　江戸相撲《えどずもう》か、沖縄角力《おきなわずもう》か？」

あぁ、裸にまわしをつけてやる内地(沖縄県外)のすもうのことを沖縄では「江戸相撲」と呼ぶのだ、といきなり感慨深い。中には「ヤマトの相撲」「日本相撲」なんて呼ぶ人もいた。それに

対して沖縄角力は「シマ」とか「ウチナージマ」と呼ばれており、道着と帯、鉢巻をつけて戦う。

「沖縄角力のことが知りたいんですけど、どなたか詳しい人はいますか」

そう尋ねると、みんな口を揃えて言った。

「そんなら、宜志富《ぎしとみ》だな。このあたりで沖縄角力をやってるのは、あいつとあいつの息子だけさ」

宜志富さんは、四〇代のうみんちゅ（漁師）だという。港に行けば会えるという。それで港にやってきたが、だーれもいない。

二〇分くらいボーッとしていると、一台の車が近づいてきて止まった。

わたしは運転席の男性に駆け寄って声をかけた。

「あのう、宜志富さんに会いたいんですけど……」

「どっから来たの？　あぁ、ナイチャーかぁ」

と彼は笑った。ナイチャー（「内地の人」の意味。侮蔑を込めて使うこともある）と面と向かって言われたのは初めてで、ドキッとする。辺野古の住人の多くは、新基地建設を容認している。「反対しても、どうせつくるんでしょ」といったあきらめに似た気分が蔓延しているという。だから、県外からやってきて声高に新基地建設反対を訴えるナイチャーにうんざりしている、と聞いていた。さてはウザいよそ者だと思われたか、と身構えるわたしに彼は続けて言った。

「おれもナイチャーなの。期限つきの仕事でこっちに住んでるの」

なーんだ。ホッとしてわたしも笑った。

彼は辺野古の海で環境調査をしている人だった。毎日決まった時刻に沖に出て、海水の透明度を測定している。依頼主は沖縄防衛局。同じく防衛局から仕事を託されている地元の漁船に乗せてもらって沖に出るのだという。

「怖いことは……ないですか」

って、むしろわたしのほうが怖がって、妙に遠回しな聞き方になってしまう。基地反対派の人たちと、冷徹に建設を推進する沖縄防衛局は長く敵対してきた。この人もその対立の渦中にいるのだろうか。こちらの質問の意図を察して、彼は苦笑いしつつ教えてくれた。

「うーんと、反対派の人は独自に船を持っててさ、環境調査の人間や地元の漁師と海上で小競り合いになることもあったよ。でもそれはちょっと前の話で。今はお互い適度な距離を保って海に出ている」

適度な距離。途切れない緊張感。この海には、そういう日常があるのだった。今日は風が強いから調査は中止かもなぁ。そう言って、環境調査の人はわたしの隣りに腰を下ろし、沖を眺めた。わたしはその横顔に向かって尋ねた。

「それで、工事の影響で海水は濁ってるんですか。基地をつくったらジュゴンが死んじゃうとかサンゴがダメになっちゃうとか聞くけど……」

「うん、反対派の人は不安がってるね。今んところ、海、きれいだけどね。サンゴも大丈夫だけどね。ま、おれは数値を計測して報告するだけ。あと、決めるのは上の人だからさ」

彼は、沖に目を向けたままそんなことを言った。この仕事を選んだ理由を聞くと、「昔から海が好きだったから」とはにかんだのが印象深い。

そうこうするうちに、漁師さんたちが三、四人集まってきた。

「この人、東京から沖縄角力のこと調べにきたんだって。宜志富さんに会いたいんだって」

環境調査の人がそんな風に紹介してくれると、

「宜志富？　おう、あれは強いぞ」

「角力して、相手の肋骨が折れる音を何度も聞いてるってよ」

「見た目はゴリラさ」

「冬でも、半袖短パンにシマ草履だしよ」

「槍を投げるんだよ。海にも潜るしな」

「人類最強じゃねえの」

おじさんたち、寄ってたかって宜志富さんの情報をくれた。わはは、すごい。めちゃくちゃ強そうだ。

「ま、ともかく電話してみれ」

教えてもらった番号にかけると、宜志富さんのぶっきらぼうな声が聞こえた。

「あぁ？　取材？　今日はちょっと別の場所にいるから行けんよ。そもそも、おれの話は本に書けないことばっかりさ」

ほー、一体どんな人なんだろう。

翌日、わたしはまた辺野古の海に出かけた。朝、大粒の雨がパラパラッと降ってすぐに晴れた。梅雨入り前のこの時期を沖縄では「うりずん」という。昨日わたしが途方に暮れていたベンチに、でっかい人が座って、笑っていた。

「おぅ」

確かめるまでもなく、人類最強ともゴリラとも噂される宜志富紹司《しょうじ》さん（四五歳）だ。

わー（おれ）は辺野古の生まれさ。お父さんはイノシシ獲ったりする猟師だった。喜瀬武《きせん》原《ばる》から辺野古に来た。ベトナム戦争時期よ。儲けるって言ってこっちに来たよ。酒屋をしながら、ずっと鉄砲でイノシシ獲ったりしてた。お父さん、角力も柔道もやってないけど強かったよ。そうとう力があった。開いてない缶ビールをこんなして（握って）潰しよった。コップも割りよった。「割れる？」って聞いたら、タオル巻いて握ってパチッと割りよったよ。

わーも子どもの頃から角力やってたわけじゃないよ。地域に江戸相撲の道場があってよ、無理やりやらされたけど嫌だった。江戸相撲は大きいもんが勝つでしょ。それがつまらんでしょ。自分、その頃はあまり大きくなかったし。まわしも洗ってないし、おかげでタムシになったし。タムシ、痒いよ！

江戸相撲には日本の伝統の嫌なところがいっぱいあったんだよね。練習場に竹刀《しない》があったり、バットがあったり。それは叩くためでしょ。そういう軍隊的な感じも嫌だった。

現在注目されている新基地建設とは別に、そもそも辺野古にはもうずっと前から米軍基地がある。一九五〇年代後半につくられた「キャンプ・シュワブ」だ。当時の沖縄はアメリカの統治下にあったから、「久志村《くしそん》（現在の名護市東部）の山岳・森林地域と平地二〇平方キロを接収して基地にするよ」とアメリカ側に言われたら住民たちは否も応もなかった。

キャンプ・シュワブが完成すると、村には米兵がわんさかやってきて、食堂や商店や映画館ができた。仕事を求めてよそから引っ越してくる人もわんさかいて、小さな集落だった辺野古の人口は急増する。基地の町はどこでもそうだが、「ベトナム戦争時期」というフレーズには「めちゃめちゃ儲かった時期」の含意がある。明日出撃して死ぬかもしれない、ある種の極限状態にいた米兵たちは基地の町でお金を使いまくった。宜志富さんのお父さんも、そういう時期に辺野古にやってきたのだった。その怪力は、息子に受け継がれた。

中学んときはちょろっと野球やって、高校は陸上部で槍投げやった。一年のときに北海道で大会があって、全国七位になったわけさ。それから「おーし、やってみよう」って。毎日走って、トレーニングして、そのうちに身長が伸びていって。国体で三位になったけど、ま、三位なんて負けと同じさ。

選抜されて合宿に行くと、一つ下にハンマー投げの室伏《むろふし》(広治)がいてよ。どんなしようが、なにしようがやつには勝てないわけよ。一緒に練習したことあるけど、伸び率がじぇんじぇん違うさ。最初は自分が勝ってたけど、抜かれて、そのあともう追いつけんわけよ。明らかに違う。自分ももっと練習しれ、もっと練習しれってやったら、腰とか肘とか痛めて。あ、限界だなぁと思って。大学にも呼ばれたけど、勉強したくないからいいと(大学のスポーツ推薦を断った)。お父さんが高校三年のときに亡くなったしね。

最初は土木の仕事してたわけさ。結婚したのは二二のとき。子どもができちゃったから結婚したけど、すぐ離婚した。三歳と一歳の子どもを引き取って、三人で暮らしてた時期が長かった。

シングルファーザーになった宜志富さんの人生は、三〇歳を過ぎて思わぬ展開を見せる。

二〇〇〇年に(沖縄)サミットがあったじゃないですか。そのときは道路の整備とか(仕事が)あったけど、サミットが終わったあとに全部途切れてしまって。子どもはいるし、一人で育ててるし、生活していかなきゃいけないし。というときに、ふと見たらそこにウェットスーツと水中銃があった、と。それで海に潜って密漁した、と。魚を売って生活してました、ハハハ。なんでも獲ったさ。おっきな魚も獲れたよ。鱗剝《うろこ》がして、お腹(内臓)取って、那覇《なは》とかに売りにいった。

そんな(密漁を)してたら、うみんちゅに捕まりますよね。一回目、捕まって「もうやるな」と。二回目、捕まって「殺すぞ」と。向こうも生活かかってるからね。三回目に捕まったときにゃあ、「お前、いつも魚いっぱい持ってるな。お前こそ海やる人間じゃないのか。海やらんか」って誘われた。それで師匠に見習いという形で雇ってもらって、うみんちゅになったわ

けよ。

で、うみんちゅっていえば糸満《いとまん》(沖縄本島最南端の町)なんですよ。糸満のうみんちゅには歴史があって、一番技術を持ってると言われてるさ。だから糸満まで様子を見にいったわけ。自分は人見知りしないから、向こうのうみんちゅに「どんなしてるの」「どんな道具なの」って聞こうと思ったんですよ。

そしたら人がたくさんいて、なにかと思ったらちょうど糸満の角力大会の日だったわけ。優勝賞金が五万。こりゃあ、獲ってやろうと。昔は槍投げやってたし、パワーがあったから。「おーし」って出たら、久米島《くめじま》の宇根哲也《うねてつや》という二つ下の子に簡単に投げられたんですよ。「この野郎」って思って、そっから角力をやるようになったさ。二〇〇二年くらいよ。

大会があったら出て、でも最初の頃は一回戦勝っても二回戦で負けたりしてよ。五、六回出てるうちに知ってる子ができて、一緒に練習したりして。久米島の大会にも行ったりよ。二年くらいしたらほとんど負けなくなったよ。

沖縄角力の起源ははっきりしない。中国大陸と貿易が盛んだった琉球《りゅうきゅう》王朝時代に格闘技が伝来し、そこから発展していったらしい。一八〇四年に王位に就いた尚灝王《しょうこうおう》が角力好きだったために広まったという言い伝えもある。

江戸相撲との大きな違いは、

（1）「はっきよい、のこった！」の立ち合いがない。互いに相手の帯をつかんで、右四つに組んだ状態から始める。このスタイルはモンゴルや韓国の相撲と似ている。

（2）「押し出し」や「寄り切り」がない。土俵の外に出てしまったら、中に戻ってやり直し。相手の両肩を地面につけたほうが勝ちとなる。レスリングっぽくもあり、柔道っぽくもある。

（3）試合時間は三分と決まっていることが多く、三本勝負で争う。先に二勝したほうが勝ち。

あぁ、江戸相撲とはまったく別物だ！

現在、県内各地で年に五〇回ほど角力大会が開かれている。最盛期は五月から一〇月。戦後の食糧不足の時代には、米一俵、ヤギ一頭、ビール一ケースなんて商品目当てに力自慢が集まったという。

当初、体重が七〇キロ台だった宜志富さんは軽量級に出ていたが、そのうちダイエットができなくなって重量級に転向。「重量級で勝つために思いっ切り大きくなってやろうと思って、吐くぐらい食べてよ、一〇〇キロまで上げたよ」と語る。そうして宜志富紹司伝説は、さらに豪快に、ディープになっていくのだった……

地元（辺野古の大会）で自分は二〇回くらい……いや、二〇までいかんか、一〇いくつ勝ってるけど、一番すごいときは七〇名以上やってきたよ、わーを倒そうってさ。久米島、読谷《よみたん》、金武《きん》、宜野座《ぎのざ》、糸満、那覇……あらゆるところから強いやつが来よった。米軍の兵隊もおってよ、合わせて七二名だったかな。夜七時くらいに大会が始まって、終わったら真夜中の二時だった。

結局、わーが優勝したけどさ、もうヘトヘトだもん。軽トラいっぱい扇風機とかテレビとか賞品があって、さらにヤギが一頭ついてきた。疲れ果ててたからそのまま置いて帰ったら、次の日、ヤギいなくなってたよ。誰かが持ってって食べよった。

よその町の大会に行って、地元の人に勝ってしまうと、囲まれることもあるさ。「角力で負けた分、喧嘩でやっつけてやろう」って。賞品を車に乗っけて、逃げるように帰ってきたこと何度もあるよ。いいところだったら「角力のあとは酒で勝負だ」と言って飲ませてくれるけどさ。どっちが勝つかってヤクザが賭けてることもあるみたいよ。そういうときは負けたら最悪よ。察したら、すぐ逃げる。

それから浮浪者も来る。自分、勝ったら賞品としてもらった酒とかなんか、そういう人にあげるさ。向こうも覚えてるから、次の年もまた来るさね。だからまた勝ったらあげて。そのうち、わーが出る大会についてくるようになってよ。ほかの人には女の人の「（高い声で）きゃー！」って声援があるのに、わーの取組のときは浮浪者が「（野太い声で）おー、ギシトミー！」ってよ。ハッハッハ。だからね、おれの話は紹介できないことばっかり。きれいじゃないさ。どんなしてでも勝てばいいってよ、昔は相手を殺そうくらいな気持ちで土俵に上がってたし。きれいな技もないさ。きれいな角力は久米島だよ。行ってみたらいいよ。

宜志富紹司さんは二〇一五年に現役引退した。もう結婚しないと思っていたけど、再婚もした。現在は沖縄角力協会の役員を務め、地元の大会では審判として活躍している。

今は、二〇歳になる長男が角力やってるよ。那覇の大会でも優勝して、まぁ、強いんじゃないの。この前、息子からＬＩＮＥがきて、「ベンチ(プレス)で一一〇キロ上げた」って自慢してきたさ。たかが一一〇キロで自慢されてもね、ハハ。去年、辺野古の大会であいつが優勝したとき、「おっとう、わーに勝てるか。かかってこい」っておれに言いよったわけ。みんなも「やれやれやれ」って言うから、「じゃあ一回勝負な」って受けて立ったさ。自分がすぐ投げた。秒殺よ！　あいつ、おれに勝てると思ってるから怖いわ！　じぇんじぇん話にならんよ。まだ息子にゃ負けんさ。

長老が語る辺野古シマトゥイ史

『辺野古誌』という、ぶあつーい本がある。漬物石ぐらい重いのだが、辺野古の歴史、風土、文化が網羅されていてページをめくるたびに胸が躍る。

たとえば宜志富さんの職業「うみんちゅ」について書かれたところをひもとくと、漁獲法だけで二〇も載っている（それも「サー漁」とか「スク漁」とか「スンキャー漁」とか、声に出して読みたくなる名前ばかり！）。それぞれの道具の仕組みはどうで、戦前の名人は誰で、季節ごとに獲れる魚はなにとなにで、などとたいへんに丁寧な説明。さらには「ウミンチュ雑学」として「夏期に東風（クチカジ）が吹くと台風が来る」「カーマンタ（エイ）が海面を飛ぶと天候はくずれる」「出漁前にネコの話はしない」「出漁に豆腐やもちを持っていくと大漁する」なんて言い伝えが列記されている。しみじみと味わい深い地誌だ。この大部の編纂に深く関わったのが、町一番の物知りである島袋権勇《しまぶくろけんゆう》さん。かつて名護市議会議長を務めた地域のリーダーだ。権勇さんに、辺野古の角力の歴史について教えてもらった。

「角力のことを昔はシマトゥイといってね、（那覇の）牧志《まきし》の大会なんかは神様に角力を奉納する祭事なわけだけど、辺野古のシマトゥイはまったくの娯楽から始まったんですよ。アブシバレーの中でね」

「アブ……」

急いでノートを取るわたしに、権勇さんがほほえむ。

「あぁ、まずアブシバレーの説明をしましょうね」

アブシとは田んぼの畦《あぜ》のこと、バレーは「払う」の意味。アブシバレーは、畦道の草を刈って虫を払う農業の古いしきたりだという。農作物につく虫を捕って、バショウの幹でつくった小舟に乗せて海に流す。農薬がなかった時代の、おまじない的害虫駆除だ。本州や四国の農村で行われる「虫送り」に似ている。

「公民館があるあたりは、昔ぜんぶ田んぼだったからね。今、(キャンプ・)シュワブになっている場所にも何か所か田んぼがあったし」

権勇さんはちょっと遠い目をして言う。海に面した辺野古一帯は、塩害がひどく畑作には向かなかった。しかし幸い水が豊富で、昔から稲作が盛んだったという。

アブシバレーは旧暦四月の大潮の日に行われていた。で、おもしろいのはアブシバレーが行われる二日間は「物忌《ものい》み」といって、仕事をしてはいけないルールがあったこと。
「物忌みのときは、山に入ってはいけない、家畜の糞を扱ってはいけない、針仕事をしてはいけない……とか、いろいろ決まっていて。二日間、仕事はなんもできない。だからおとなも子どもも遊ぶわけです」
大潮だから干満の差が大きい。潮が引くと出現する広い浜辺が、遊びの舞台だった。地域の人はお弁当をつくって浜に行き、ハーリー（伝統漁船を使ったレース）、競馬、闘牛に興じた。競馬や闘牛といっても、農家が自分んちの農耕馬や牛を連れてきて競わせるのどかなもの。

「で、夕方になると「シマトゥイやろう」ということになってね」

出ました、シマトゥイ！　辺野古の角力はもともと、アブシバレーで物忌みするときの遊びの一つだったのだ。七〇代の権勇さんが子どもだった頃、シマトゥイもまた今よりずっと牧歌的なものだったという。

「住民どうしがシマトゥイする、それだけ。今みたいに優勝を決めるまでトーナメント戦をやることもないし、賞品もなかったし。出るのも見るのも地域の人だけ。ノゾミジマをやるわけです」

この「ノゾミジマ」、沖縄角力が語られる際に必ず出てくるワードだ。兄弟や親子、友達どうしで、

「おれと一丁やるか？」

「おう！」

てな感じで、対戦相手を指名して角力を取るのがノゾミジマ。望み／望まれてシマ（すもう）を取るからノゾミジマ、というわけである。

「ノゾミジマはそりゃ盛り上がるさ。見ているほうも、あいつは誰の息子か、誰と誰が兄弟か

幼なじみか、みんな知ってるわけだから」

権勇さんは懐かしそうに振り返る。ちなみに権勇さんは子どもの頃、すもうといえば沖縄角力のことだと認識していたとか。

「その頃、ここらでは江戸相撲を見たり聞いたりする機会はなかったからね。テレビもないし、親子ラジオ(戦後の沖縄で独自に発達した簡易有線放送)はあったけど大相撲中継なんてないさ。私らの頃は、すもうといえばシマトゥイですよ」

戦後、辺野古のシマトゥイは少しずつ変化していった。大会の形が整えられて、よその地域からも参加者がやってくるようになると、内輪で盛り上がる雰囲気は薄まった。観客の楽しみは、豪快な技や巧みな取り口を堪能することに移っていく。さらにキャンプ・シュワブの存在が、辺野古の角力大会を独特なものに変えた。

土地収用が決まった一九五〇年代半ば、琉米親善委員会が設置された。『辺野古誌』によれば、軍人数名と通訳、それに村長、区長、商工会長、校長先生、派出所の警官などが月に一度集まって、地域の問題を話し合ったという。

「軍人と地元住民が文化交流、スポーツ交流をするようになったんですよ。基地のクリスマスパーティに招待されたり、子どもたちに野球の道具を提供してもらったりね。旧暦の三月三日には、昔からハマウイ(浜下り)という潮干狩りの行事があるんだけど、その浜が基地の内側になってしまった。だから親善委員会を通じて「その日だけ浜を開放してくれ」と米軍に頼んでね、浜伝いに基地の敷地に入って貝を採ったんですよ」

権勇さんは麦茶を一口すすって、言った。

「その交流の延長線上に、角力大会のときにシュワブの青年と辺野古の青年で対決しようって話が出たわけです」

勝手に土地を奪っておいて、なーにが交流だ。クリパでごまかすな。なんでもともと住んでいた人が頭を下げて潮干狩りをしなきゃいけないんだ。そんで本土復帰したらしたで、日本政府も基地負担を軽減するどころか増やそうってんだから、ほんと、ふざけてる。と、よそ者であるわたしは憤る。

しかし辺野古の住人は違った。よそ者みたいに、ただ憤っているだけでは生きていけない。一九五〇年代、辺野古の人たちだって最初は土地の接収に断固抵抗したという。でもアメリカ政府の意向である以上、どうしようもない。どうせ土地が奪われるのならば、補償してもらおう、雇用してもらおう、と条件面で折り合いをつけるしかなかった。そして、米兵が隣人になった以上は仲良くやっていくしかない、と気持ちを切り替えた。目の前に突きつけられた現実を飲み込んで、飲み込んで、辺野古の人は戦後を過ごしてきたのだった。

もう何年も前から、辺野古の角力大会にはキャンプ・シュワブの米兵が参加し、住民と一緒に盛り上がるのが恒例になっている。宜志富さんと権勇さんの話を聞いてから一か月半後、その大会を見るため、わたしは再び辺野古へ向かった。うりずんは終わって、本格的な梅雨に突入していた。

二人の「元おすもうさん」に会う

二度目の辺野古行きには、心強い同行者がいた。社会学者の熊本博之《くまもとひろゆき》さん（明星大学教授）だ。一五年ほど前から辺野古に通って、聞き取り調査を続けている。最初わたしは「熊本先生」と呼んでいたが、彼の辺野古の友人たちは「くまもん」と呼ぶし、わたしのほうが一歳しーじゃなので、途中から「先生」は廃止した。しーじゃ、とは沖縄のことばで先輩の意味。打越正行《うちこしまさゆき》著『ヤンキーと地元』（筑摩書房）によれば、沖縄のヤンキー文化では、しーじゃは問答無用で威張ることになっている。

二〇一九年六月最初の土曜日、あいにくの空模様。熊本さんとわたしは那覇でレンタカーを借りて辺野古へ向かった。雨脚は強くなったり、弱くなったり。そのたびに、車のワイパーの速度を調整する。

「夕方までに雨上がるといいですねぇ」

「こっちの梅雨はずっと降り続いたりしないんだけど、どうかなぁ」

角力大会は午後五時から始まる。それまで、熊本さんの後ろをくっついて辺野古を巡ることになった。ドキドキしながら単身辺野古に足を踏み入れた最初の訪問も忘れがたいが、熊本さんの解説つきで訪ね

歩いた二度目の辺野古もまた贅沢な時間だった。
中でも印象深いのが、熊本さんが引き合わせてくれた二人の古老。彼らはかつて、人生のほんの束の間「おすもうさん」だった。
西川征夫《にしかわいくお》さん（七五歳）は金物店を営んでいる。

子どもんときは、ずっと角力大会に出ていたよ。アブシバレーのときな。そこまで強くもなかったけど、好きだったからね。青年会に入っていた頃に、二〇歳から二五歳のチームと、二六歳から三〇歳のチームで対抗戦をやったこともあった。そのときぼくは二六歳以上のチームに入ってよ。三勝三敗で、ぼくが最後に出て勝ったんだよ。あんときはうれしかったね。見にきてたお父さんも大喜びしたさ。

表情から、角力がお好きなのが伝わってくる。西川さんは、自身が角力を取らなくなってからも、年に一度の角力大会を楽しみにしていたという。それなのに、じつはもう二〇年以上、角力大会には顔を出していない。住民の大多数が新基地建設を容認している辺野古にあって、西川さんはごく初期の段階から一貫して反対を訴えてきた。そのせいで地域の行事から距離を置いているのだった。

昔はぼくもバリバリの基地受け入れ派だったんだよ。なにしろ自民党青年部に出入りしてたんだからね。もともとここにはキャンプ・シュワブがあるわけだし。でも一九九六年に（普天間基地返還の代替地として）辺野古が浮上してから、共産党の勉強会に一回参加して「あれ？」となったさ。それまで基地ができれば利益が出ると思ってたけど、むしろリスクのほうが大きいと知ったわけ。

一九九七年、西川さんは「命を守る会」を結成し、地元からの反対運動を始めた。しかし翌年の名護市長選挙で移設容認派の岸本建男《きしもとたてお》市長が誕生し、続く県知事選挙でも普天間の代替施設を軍民共用空港にするとの公約を掲げた稲嶺恵一《いなみねけいいち》氏が当選。辺野古沖の新基地建設はじわりじわりと既成事実化していく。辺野古集落は反対派と容認派で分断され、西川さんは孤立を深めていった。

反対派が優勢だった時期もあるんだよ。けど、有力者には逆らえない風土があるんだよ、ここには。ぼくの場合は父親がうみんちゅだったし、ぼくも海が好きだから辺野古の海を守りたいと思った。次の世代の人たちにも、自分のふるさとを想ってほしい。それが願いだな。

辺野古に新基地の問題が持ち上がって、二三年。県外からも多くの人が辺野古新基地建設反対の声をあげ続けている。二〇一九年二月には県民投票で是非が問われ、七割以上の人が反対票を投じた。それでもなお、西川さんが地域で孤立していることに変わりはない。二三年という歳月を想像して身を固くするわたしに向かって、西川さんは終始明るい口調で話してくれた。二三年。それは、西川さんが好きだった角力から遠ざかっている年月でもあるのだった。

飯田昭弘《いいだあきひろ》さん(七一歳)は、辺野古で不動産管理会社を経営している。顔が広く、辺野古商工社交業組合の会長を務めたこともある。

ぼくはね、小学六年生のときに那覇から辺野古に引っ越してきたの。寄留民《きりゅうみん》として転校してきたわけさ。お父さんはいなくて、お母さんは辺野古で食堂をやってた。転校して二週間目に基地開放の日があって、初めてキャンプ・シュワブに入ったのよ。そこでブルーシール(一九四八年に沖縄で生まれたアイスクリーム屋さん。当初は米軍基地内のみの販売だった)のチョコミルク(冷たいチョコレートドリンク)を飲んでよ、世の中にこんなうまいものがあるのかって思ったさ。飲み終わったらすぐまた列に並び直して、五、六杯は飲んだ。あの味は忘れないな。

「寄留民」とは、よその場所から移住してきた人を指す沖縄独特の言い回しだ。一九五〇年代後半、キャンプ・シュワブの建設が本格化すると辺野古に多くの労働者が流入してきた。それにともなって労働者向けの食堂や商店も急増する。おそらく飯田さんのお母さんもそういう時期に食堂を始めたのだろう。

角力はそこそこ強かったよ。那覇の学校にいたときに柔道をやってたからね。転校してすぐの大会で一〇人抜きをした。でも角力大会に出たのはその一回だけだと思う。中学に上がると角力なんかやってる暇はなかったから。うちは母一人だし、下に弟もいたから、キャンプ(・シュワブ)の中で英字新聞を売るアルバイトをしたんだよ。朝五時に起きて行って、放課後も行って。その頃、新聞は一〇セントだったんだけど、兵隊さんは一五セントのチップをくれた。中にはクォーターダラー(二五セント硬貨)をピューン！と投げてくれる人もいたよ。月に三五ドルから五〇ドルくらいの稼ぎになった。みんな優しかったな。基地の中のレストランで食べさせてくれたり、チョコレートのお土産をくれたりね。

苦学して中学を出た飯田さんは、那覇の工業高校の建築科に進学。そのまま那覇の建設会社に就職し、持ち前の負けん気でバリバリ働いたらしい。

沖縄が本土復帰したのはおれが二三のときだったかな。会社にも本土から来た意地悪な先輩がいたけど、「バカにされるもんか。おれのほうがバカにしてやる！」って思ってたから、ぜんぜん平気だったね。就職して一二年目に、専務にならないかと打診された。でもおれは小学三年生のときからずっと「社長になりたい」って考えてたさ。だから会社をつくって、辺野古に戻ってきた。

不動産事業は成功し、地元の人脈も幅広い。基地容認派だけど、金物店の西川さんとは友人関係にあるらしい。

ぼくたちの世代は頭の中に沖縄戦のことがあるから。米軍基地なんてほんとはないほうがいい……ぼくでもそう思う。でも実際に基地はあるし、ここの人たちが負担してきたんだよ。だから国に要求する部分は要求して、辺野古の人たちが安心して住めるようにしていかないと。秩序のない反対運動は、地元の人を不安にさせる。辺野古の人が一番かわいそう。反対運動してもいいけどさ、道の向こうでやってほしいわけさ。

初対面のよそ者に対して、かなり踏み込んで話してくれたと思う。長年、辺野古の事情を丁寧に受け止めてきた熊本さんが同席していたおかげだ。別れ際に「似顔絵を描いてもいいですか」と尋ねたら、飯田さんは「おー、いいよ、もちろん」と笑ったあと「おれも絵を描くんだよ。見るかい？」と言って事務所のホワイトボードに貼ってある石原裕次郎《いしはらゆうじろう》や安室奈美恵《あむろなみえ》の似顔絵を披露してくれた。一枚一枚、とても丁寧に描かれたモノクロのパステル画だった。

サモアの青年は静かにほほえむ

さて、夕方五時。雨は上がった。辺野古漁港に向かう坂の途中の原っぱに土俵が出現し、周囲にテントが張られていた。ここが角力大会の会場だ。子どもたちが土俵の上できゃっきゃとじゃれ合って、青年会の面々が準備に追われている。お客さんはまばら。開始時刻にきっちりスタートしないのも、それを誰も気にしていないのも、沖縄っぽい。

「ビール飲みながら、待ちましょうか」

うちなんちゅの時間感覚に慣れている熊本さんは動じることなく、地元の青年たちが運営する焼き鳥の出店に近づいていった。わたしも負けずにトッポギとビールを買う。「帰りは運転代行を頼もう」と、はなからお酒を飲む気満々の二人。そこへ、

「おーい、くまもんと真紀ちゃん」

辺野古在住の翁長武哉《おながたけや》さんが朗らかに登場。熊本さんの友人で、わたしも一連の辺野古取材でお世話になった恩人である。

「日焼けしてるねぇ」

「最近ゴルフばっかりやってるさ。スコアは聞くなよ」

ワイワイ騒いでいるうちに、キャンプ・シュワブの米兵やその家族たちが続々とやってきた。目の前を、背中が開いたワンピースを着たアメリカ人女性が横切る。その背中にタイの伝統的なタトゥー・サクヤンが彫られていて、わたしが褒めると彼女は「タイが好きなのよ」と笑った。とにかくみんな機嫌がいい。今夜は誰とでも仲良くなれる気がする。お祭りが始まる前の浮かれた気分が、原っぱに満ちていた。

そうこうするうちに、子どもたちの角力が始まった。

小学校一～二年生の部、三～四年生の部、五～六年生の部、と三つのカテゴリーに分かれてのトーナメント戦。おとなと違って、二分間一本勝負だ。小さなおすもうさんたちは、自前のTシャツ短パンの上に、一方は赤の、他方は白の腰帯を巻いて登場する。帯は幅も長さもたっぷりあって、ふわふわとゆれる感じがなんとも慶《よろこ》ばしい雰囲気。

土俵は、江戸相撲に比べるとかなり深めに砂が敷いてあり、小さな子だとくるぶしまで埋まる。倒れても安心だけど、足腰の強さが勝負を分けそうだ。女の子の出場者もけっこう多くて、しかもけっこう強くて、観客は大いに沸く。米兵の娘さんだろう、金髪の少女もはにかみながら土俵に上がっていた。

会場をさらに盛り上げるのが英語の場内アナウンス。日本語で選手が紹介されると、続いてノリノリの英語が響き渡る。

Ladies and gentlemen! Next game is semifinal.
Come on, Kokuba-san! She is a fifth grader in elementary school!
（レディース　アンド　ジェントルメン！　次の取組は準決勝です。
頑張れ、国場さん！　彼女は小学校五年生です！）

俄然、インターナショナルマッチの雰囲気、いいねいいね。マイクを握っているのは、長年、基地で渉外担当をしている人だとか。

審判は、地元で江戸相撲のコーチをしている知花輝《ちばなあきら》さん。両者がちゃんと組み合い、ルール通りに帯をつかんでいるのを確認してから、「よし！」のかけ声で試合開始だ。組んだまま土俵上で押したり戻されたりの攻防がおもしろい。相手の両肩を地面につけるまでは勝ちと認定されないから、倒れ込んでからの逆転劇もある。審判は左右の手に紅白の旗を握っていて、決着がつくと勝ったほうの色の旗をサッと上げる。

「赤の勝ち！」

にじりたかぬし

土俵正面はＶＩＰ席で、招待客、米軍のオフィサー、地域の長老たちが陣取る。正面に向かって右が運営管理テント。トーナメント表が貼られ、リングアナもここから実況している。キョロキョロ見回していると、おっ、会場から少し離れたところに宜志富紹司さんの巨体を発見！ いそいそとご挨拶に行く。

「おぅ。来てたのか」

相変わらず迫力満点でちょっとビビる。

「わーよりこいつらのほうが怖いだろ」

宜志富さんが笑いながら紹介してくれたのは、仲のいい沖縄角力の関係者たち。みんな首が太くて、肩幅が広い。背中に「漢と漢の真剣勝負 ニジリヒジャイのヌシ技で 摑む沖縄全島一」と書かれた黒シャツを着ている人がとりわけ強面《こわもて》だ。うはは、この格好で街を歩いたら、みんな道を開けてくれそう。ニジリは右、ヒジャイは左の意味。ヌシは江戸相撲でいう「やぐら投げ」、相手の体を宙に浮かして背中から落とす豪快な決まり手だ。右回しで投げる「にじりぬし（にじりたかぬし）」と左回しで投げる「ひじゃいぬし（ひじゃいたかぬし）」は沖縄角力を代表するかっこいい技である。

子どもの大会が終わる頃、やっと日が暮れてきた。いよいよおとなの時間だ。まずは恒例の日米親善試合！　シュワブの米兵と辺野古の青年が五人ずつで団体戦を行う。

「待ってました！」

「ヒューヒュー」

土俵に並んだ一〇人に、大きな歓声と指笛が飛ぶ。アメリカチームからは屈強な兵士が選抜されて、道着に鉢巻姿でガッツポーズを決めている。やる気満々。対する日本チームは佐久《さく》本義也《もとよしや》青年会長ら五人。地元の大声援を受けてちょっと照れくさそうにお辞儀をする。

「現在、日本が一〇連覇中です。さて今年、一一連覇なるんでしょうか⁉　それともアメリカチームが一矢報いるんでしょうか⁉」

熱のこもったアナウンスが会場を煽る。四人の対戦が終わったところで二勝二敗、決着は大将戦にもつれ込んだ。結果は日本チームの勝利。日米の選手どうしが握手して、やんやの喝采だ。辛くも連覇が守られて、辺野古青年会の面々はホッとした表情で引き揚げてきた。

土俵が整備され、一息ついたところで、のっしのっしと宜志富さんが登場。おとなの大会が始まる前に、沖縄角力のルールと技のデモンストレーションをするという。お手本を見せてくれるのは宜野座から来た津波古《つはこ》寿《ひさし》さん（三六歳、九四キロ）と、宜志富さんの息子・宜志富紹也《しょうや》さん（二〇歳、七〇キロ）。どうすれば小さな人が大きな人を投げることができるのか、投げられそうになったときはどう形勢逆転するのか、宜志富さんの解説に合わせて、二人が動いてみせる。例の「にじりぬし」と「ひじゃいぬし」も披露してくれた。あぁ、なんて美しい技だろう！

そうして、夜の八時をまわった頃、ついにおとなのトーナメントが始まった。エントリーしたのは三七名。辺野古在住の日本人は六名、あとは各地から馳せ参じた猛者たちだ。米兵は過去最高の一七名が参加した。近隣の金武にあるキャンプ・ハンセンから来た人もいたが、ほとんどが地元キャンプ・シュワブ所属の海兵隊員。

ジョージ・タアラさん
米領サモア出身
19歳です。
アメフトとバスケ、
あとラクロスも
やったことがある
けどスモウ
は初めて。

「いま土俵に上がったパーカー選手は、先週、やまびこ保育園で英会話教室を開いてくれました」

なんてアナウンスが流れて、ほっこりする。米兵も辺野古の人たちも、互いに親しい隣人であろうとし、そのための模索を続けているのだった。準決勝の前に挨拶に立ったシュワブの司令官ジエイソン・ペリーさんの流暢な日本語（うちなーぐち混じり）も印象に残る。

「このような独特の沖縄の伝統に参加させてもらえることを光栄に思います。ちむぐくるのある体験ができて感謝いたします……」

取組は三本勝負。最初のうちはどちらかが簡単に二連勝して片がつくケースが多いけど、実力が拮抗してくるとだいたい一勝一敗で三戦目までもつれ込む。熱戦は、夜中の一二時近くまで続いた。

優勝したのは、デモンストレーションで技を披露してくれた宜野座の津波古さん。準優勝は米領サモア出身のジョージ・タアラさん。前年チャンピオンで優勝候補筆頭と目されていた宜志富家の長男・紹也さんは三位に終わった（取組中、おっとうの怒号が飛んでいた！　怖かった！）。

米兵が決勝戦まで残ったのは初めてのことだという。タアラさんの健闘に、シュワブの関係者はもちろん、辺野古の人も大きな拍手を送った。にぎやかでパワフルな米兵が多い中で、タアラさんは大柄だがおっとりした優しい雰囲気だった。多くの海兵隊員は辺野古には数か月だけ滞在し、そのあと別の任地へ送られていくという。南の島で生まれた一九歳の青年に、この先どんな人生が待ち受けているのだろう。

表彰式が終わる頃、また雨が降ってきた。

5

和歌山県

スーパーマーケットのおすもうさん

大阪からJR阪和線に乗って和歌山に向かう道中、有吉佐和子の『紀ノ川』のことを思い出していた。明治・大正・昭和を生きた三代の女たちを描いた、大好きな小説だ。何度か読み返しながら一度も本物の紀の川を見たことがなかったので、電車が和歌山駅に近づく少し前、川を渡ったときには「これが紀の川か」と感慨深い思いがした。さらに和歌山駅から和歌山線に乗り替えると、岩出《いわで》に向かう三両編成の短い電車は紀の川に沿うように進む。夕陽が水面に反射して輝き、「ほぉ、これが紀の川の色かいのぉ。美っついのし」などと物語の口真似を一人つぶやいてみた。

岩出駅に着いて線路沿いに歩くと、この日の目的地にほどなく着いた。

「スーパー松源《まつげん》岩出店」

入口の自動ドアを入ってサービスカウンターに行き、「すみません、土俵はどちらにありますか？」と尋ねると、「ああ、土俵ですね」と、女性従業員の方がまるで「ああ、キャベツですね」と同じような口調で答え、「店の裏手にあるのでご案内します」と連れていってくれた。

すると、スーパーと同じ敷地内に「松源相撲部」と書かれた墨文字の看板が堂々と掲げられた相撲部屋のような立派な建物がある。扉を開けると目の前に土俵。「こんばんはぁ」の挨拶とともにおそるおそる中に入ると、メガネをかけたおすもうさんがいて奥に通してくれた。「僕は今日休みだったんで、早く来たんです。よろしくお願いします」と優しい。中野《なかの》寿《ひさし》さん、三二歳。

松源粉河《こかわ》店の青果部の主任だ。

私はこの日、和歌山県を中心に、大阪、奈良に四〇店舗を展開する創業五八年目の地元密着型スーパーマーケット松源、その相撲部を取材しにきた。ここに所属するおすもうさんは全員、昼間はスーパーマーケットの従業員として働き、夜になるとおすもうさんになる。スーパーマーケットのおすもうさん、すなわちスーパーマンなのだ！（これが言いたかった）

仕事のあとに練習をする

松源相撲部の練習は午後六時過ぎから始まる。中野さんに続いて上岡祐介《うえおかゆうすけ》さんが来た。二七歳、本店の惣菜部の主任だ。そのあと、和歌山インター店の青果部に働く二五歳の西尾壮人《にしおそうと》さんに続いて、同い年の福島京介《ふくしまきょうすけ》さんも来た。福島さんは土俵のある岩出店の精肉部で働く。

四人はまわしを締めると、準備体操から始めた。

「イチニィサンシ、ゴーロクシチハチ」

腕を回し、足を回し、首を回し、四股とすり足も、もちろん。徐々に汗が出て、肌がピンク色に染まり、スーパーマンたちからスーパーの香りが薄れ、みるまにおすもうさんに変わっていく。

そこへ、もう一人が入ってきた。背が高くて痩せている人だ。事前に調べたホームページには見ない顔。誰だろう？　名前を尋ねると、チョルーンバト・チンバトさんだという。三一歳、橋本《はしもと》店の店長。モンゴル出身。

「入社当時は一三〇キロありました。店の中を歩き回って八七キロまで痩せて、今はあまり歩かなくなって九二キロになりました」と流暢な日本語で話す。

そして、練習はぶつかり稽古になった。二人一組で土俵に上がり、勝ったほうが残り、次の力士が当たっていく。中野さんと福島さん、ともに低い姿勢で頭をつけ、肩のあたりを手繰《たぐ》る。一瞬の隙に中野さんが福島さんをはたき込み、福島さんは「もっと脇を締めないとな」と悔しそうに言う。続いて西尾さんが土俵に上がり、当たってすぐ西尾さんが中野さんの右前みつ（まわしの前の部分・前褌）を手繰る。土俵を動いて、西尾さんが中野さんを押し出した。次にチンバトさんと西尾さんがゆっくり仕切りながら、何番も取る。そして、上岡さんとチンバトさんが土俵に向かい合い、差し手争いを繰り広げ、上岡さんが押し出す。

途切れることなく、五人が順繰りに土俵に入って延々と続くぶつかり稽古。私には見慣れた風景で、あたりまえに思えてくるけど、もう一度考えると、彼らはスーパーマンなのだ。つい先ほどまで野菜をカットしたり、大きな肉の塊を切り分けたり、から揚げを揚げたり、笑顔で「いらっしゃいませ〜」と言っていたはずだ。

でも、ただ今この瞬間はまわしを巻き、土俵に立つ。手首や足首、指にテーピングを施したりと、「おすもうさんあるある」な姿。そのじつ、青果部の中野さんであり、惣菜部の上岡さん、精肉部の福島さん、青果部の西尾さん、店長のチンバトさんなのだ。

なんだ、すごい、すごい、すごいぞ！　私はむやみやたらに興奮した。だってスーパーマーケットって、私もバイトした経験がある場所だ。十数年前、近所のスーパーの惣菜部で働いた。朝八時、眠い目をこすって出勤すると、もうベテランのおばちゃんらが来ていてジュウジュウ天ぷらを揚げ、煮物をつくり、私はそれらを売り場に並べた。彼らは、私もいた普通の場所で働く人たちでありながら、おすもうさんなのだ。立派な体軀を持ち、あたりまえにぶつかり稽古をする。かつて相撲は農耕と深く結びつき、五穀豊穣を祈り、収穫の行方を占うために行われた。今、食を支えているのは彼らのような、スーパーで決して楽ではない労働をする人たちだ。春夏秋冬、途切れることなく豊穣な食を届ける。つながっている。すごい、すごい。

それにしても、スーパーの仕事を終えてからの相撲の練習。疲れませんか？

「疲れますよ」と全員がうなずく。

相撲を取りながら仕事のこと、考えますか？

「終わってから考えます」

それぞれの部署はどうやって決めたんですか？

「なぜだか青果部に行く人が多いですよね」

「僕も本当は青果希望だったんですけど、お前は肉が似合うって言われて精肉部なんです」と、福島さん。

「僕はもともと料理が好きだったんで、惣菜部なんです」と、上岡さん。

この相撲部はいつからあるんですか？

「いつからあるんだろ？」

ざわざわっと、みんな顔を見合わせる。

「たしか昭和四八年からです」

その年に強豪、日本大学相撲部でキャプテンを務めていた太田《おおた》ひろしさんらが創部したそうだ。

「この土俵も一〇年以上前からありますよ」

「そうそう、新入社員は新人研修終わると、ここに集まってごはんを食べるんです」

「僕らも合流して、ちゃんこつくってね」

「店のオードブルとかも出して」

あ、松源の惣菜はおいしいって聞いてます。お寿司もおいしいって！

「おいしいですよ、おいしいです！」

惣菜部の上岡さんが堂々と胸を張って言う。

「そのごはん会のとき、自分はどこの部署に行きたいかを言うんだ」

なるほど。どの部署が一番いいんですかね？

「一番いいってのはなくて、どこも同じですね。どこでも大変なところがあり、しんどいところは修行です。仕事はどこだってそうでしょう？」と、中野さん。

松源のオリジナル商品ってないんですか？

「アンパンがありますよ！　アンパン、おいしいです」

気づくとスーパーの話しかしてなかった。土俵なのに。

そして、私たちが話をしているあいだを子どもたちがチョロチョロし、喧嘩して「おちんちん蹴られた」とワンワン泣いたり。稽古はそんな子たちの相手もして、どこかのんびりした空気と一緒に進んでいく。「ここに来てから稽古の概念は少し変わりましたね」と上岡さんが言う。

その子どもたち、チンバトさんと、この日は仕事で来ていなかった監督の子だという。さらにこの日は、もう一人の部員、堀内群青《ほりうちぐんじょう》さんも仕事の都合で来ていなかった。松源相撲部は、なによりまず、仕事第一なんだ。

松源粉河店にて

それなら、仕事場を見せてもらえないか？　お願いして翌日、店へ行かせてもらうことにした。

まずは中野さんのいる粉河店を目指す。和歌山線に乗ってゴトゴトのんびり行く。

駅前にある店に着いてサービスカウンターで呼び出してもらうと、大きな身体にエプロンをつけた中野さんがニコニコ笑顔で現われた。

「こんにちは。粉河店にようこそ。ここは去年の一一月にリニューアルしたばかり。きれいなお店でしょう？」

そう、ピカピカのお店。駐車場も広々、店内も贅沢なほどゆったりしていて買い物が楽しそう。中野さんが担当する野菜や果物の売り場へ案内してくれた。

「僕は青果部の主任なんで、売り場のどこでなにを売るか自分で決めています。朝来て、品出しして発注して、空いてるところにまた商品を持ってきて埋めて、と繰り返しやっていきます」

そう話しながらも手が動いて、果物を丁寧に揃えていく中野さん。

「売れ筋はやっぱりサラダ野菜ですねぇ、トマトとかきゅうり。ちょっと仕入れ値が高くても安くして売るようにしてるんですよ。そうしたらお客さんが続けて来てくれますから。台風で大幅に値上がりしたときも、お客さんの信用を得るためにここまでと値段の上限を決め、それ以上は値上げしないよって頑張りました。そういう判断はもちろん本社の指示もありますが、店内で相談して決めます」

スーパーマーケットの取材に来たかのような話になった（そうなんだけど）。

「じゃ、ちょっと裏に行きましょうか？」

バックヤードに行くとさまざまなダンボール箱が台車に乗せられ、いつ売り場に出てもいい準備がなされていて、私も知る光景だ。

青果部のパートさんたちがせっせと野菜をラップ包みしているので、「すみません、ちょっといいですか？」と、中野さんについて聞いてみた。

「中野さんが相撲してるのは知ってるけど、見にいったことはないしなぁ」と、すまなそうに言う。あたりまえだけどスーパーマーケットとしての日常があり、相撲部があるといっても私のようにむやみに熱くなったりしないんだという現実を知る。だけど、中野さんはその大きな体軀で、バックヤードでもどうやったっておすもうさん然としている。一体どうして松源に来たんだろう。

「僕は沖永良部島《おきのえらぶじま》の出身なんです。中学まではサッカーをやってたんですけど、オヤジの同級生が鹿児島の樟南《しょうなん》高校相撲部の監督で、「徳之島に合宿に行くから身体の大きい子に来てほしい」って頼まれて、行ったんです。そこで「まあまあまあ」とか言われてその高校の相撲部に行くって約束させられました。三年間相撲をやり、九州情報大学の相撲部が愛好会から体育会に変わるからと、今度はそこの監督さんに誘われて大学でも相撲部に入って。そこにチンバトがいて、誘われて一緒に松源に来ました」

中野さんの相撲人生はどちらかというと誘われてここまで来た。だから積極的にプロになる、という選択肢はなかったのかもしれない。しかし、中野さん、今の仕事は好きですか？

「仕事ですか。どうなんですかねぇ。でも、嫌いじゃここまで続けられないでしょう。今年で僕は一〇年目です。たぶん、松源相撲部始まって以来、僕が一番長く現役を続けているんです。なんでそんなに続けるのか？　う〜ん、負けたくないんでしょうね。アハハハ。チンバトのほうが気が強いんですけど、でも、負けたくないんですよ」

一〇年目を迎えた中野さんは団体戦で大将を務め、文字通り松

中野寿さん

源相撲部の大将という存在で、みんなの精神的支えでもある。

「でも、もう身体もボロボロだから、やめたいとも思ってるんですけど、監督さんがやめさせてくれないからねぇ。若い選手と交代させてってお願いしても、なかなか替えてくれなくて、それで負けて怒られたりして、なんで相撲でこの歳になって怒られないとならないんだよ！って思うんです。売上げが悪くて怒られるならわかるけど、相撲で怒られるのはね」

三二歳となった中野さん、スーパーマンとしてどう相撲を続けていくべきか、その決断を前に迷っているようだった。

チンバト店長は熱血派

中野さんの元を辞して、チンバトさんが店長を務める橋本店へ向かった。粉河から再び和歌山線にゆられて着いた橋本は高野山《こうやさん》への入り口の駅で、目の前には紀の川が悠然と流れている。思えば粉河も橋本も、小説『紀ノ川』に登場する地名だ。

駅を降りて橋本店までは歩いて一五分ほど。着くと近所の人が続々と車で乗りつけ、どんどん吸い込まれていく。中に入って少しウロウロしていると、チンバトさんがいた。

「ここは社員とパートさんで八〇人ぐらいが働くお店です。売上げは松源でも上位なんです。買い物するのにちょうどいい大きさのお店でしょう？」

すっかり店長の顔になって売上げに胸を張るチンバトさんが、スーパーとしては中規模な広さのお店を案内しながら話してくれる。

「以前から「肉の松源」と言われていて、うちも肉が一番よく売れるんで、今期はとくに肉を推してます。肉を買うなら松源に来ようという人をもっと増やしたいです」

そう話しながらもチンバトさんは手を動かし続けてショーケースの中のお肉を揃えたり、ポップの位置を直して「お客さんはこっち側から来るでしょう？　だから、見える方向にしないとね」と言う。さすが店長さん、丁寧に店内を見ている。

「店長の仕事は管理職ですからね。なにもかも見て、管理せなあかんから」

でも、チンバトさん、日本に来たとき、今の自分を想像してましたか？

「この人生は想像してなかったです。だって関取になりたくて日本に来たんですから」

チンバトさんはウランバートル出身。モンゴルから一五歳で高知の明徳義塾《めいとくぎじゅく》高校に来た。

「僕のおじいちゃんと朝青龍《あさしょうりゅう》のお父さんの地元が一緒で、朝青龍がモンゴルで開いた相撲の選抜大会に出て、六〇人ぐらいの中を勝ち抜いて日本に連れてきてもらったんです」

朝青龍も通った明徳義塾高校相撲部という強豪にあって、チンバトさんは高校時代から活躍した。もちろん高校を卒業したら角界入りと思っていたのが、相撲部屋の外国人枠があって叶わなかった。モンゴルから来た移民のチンバトさんに、見えない壁がた

チォルーンバト・チンバトさん

ちふさがった。

「一番燃えているときに入れてもらえなくて、がっかりしました。大学に行きなさいと言われて九州情報大学に進みました。ところがお父さんが亡くなってしまい、角界に行くのはあきらめ、ここを紹介されました」

お父さんが亡くなり、経済的な理由だろうか、角界入りを断念したチンバトさん。

「入社して青果部になり、えらいとこに来てしもうたって思いました。だって、高校、大学で戦っていたみんなは大相撲でテレビに映ってるのに、自分は「いらっしゃいませ〜」って試食販売してて、情けなくて。でも、少しずつ気持ちは変わりました。働かないと食っていけないし、だんだんそのことがあたりまえになって、今は誇りを持っています。仕事で結果を出さなきゃ。店長にまでなったのは、相撲でいえば関取(十両・幕内力士)になったということでしょう?」

日本で大相撲の関取になるはずが、スーパーの店長という関取になったチンバトさん。今、目標は「店長として一人前になること」に変わった。

売り場でお肉の整理をしていたパートの女性に、チンバト店長はどんな人ですかと聞いてみた。

「熱い人です。すべてにおいて一生懸命にしてくれて、モンゴルから来て理解できないことばなんかもあるだろうに、みんなの気持ちを理解しようとしてくれてねぇ。おすもうさん? 知ってますよ。朝青龍に連れてこられたんでしょう? 強かったって。すごいですね」

中野さんが「チンバトのほうが気が強い」って言ってたけど、ふふふ、熱い店長なのだな。取材のお礼を言うと、「車で送ってあげたいけど、今日は忙しくてごめんなさいね」とお辞儀をして、バックヤードに戻っていった。

プロにならないおすもうさん

その夜もまた稽古場に行くと、チンバトさん以外のみんなが来て、すでに練習を始めていた。監督の東利行《あずまとしゆき》さんも来て、前の日と同じようにぶつかり稽古をする。その合間、土俵外に飛ばされてきた福島さんに話しかけてみた。はあはあ言っている。すみません。

「僕は奄美大島の古仁屋《こにや》というところの出身で、五歳から相撲をやっています。大相撲の明生《めいせい》は僕の二つ下で、同じ道場。僕が小六であいつが四年のとき団体で一緒に県大会とか出ましたけど、あいつは飛びぬけて強かったです。それから僕は中三のときに全中(全国中学生相撲選手権)の九州予選で優勝して、高校は中野さんと同じ樟南に行きました。でも背が伸びなくて、一六七センチ。中村(炎鵬)と同じぐらい。中村は高校のときはそんなでもなかったけど、大学行ったらすごく強くなりましたよね」

福島さんは話の内容も、話し方も、まるでプロのおすもうさんのようだけど、どうしてプロにならなかったんだろう?

「小六のときに肩を脱臼して複雑骨折、骨がバラバラになって移植手術をしたんで、そんな肩でも取れる相撲しかできなくなりました。身長が一八〇センチあったらプロに行ったと思います。

それは自信があります。でも、ここでよかった。小さな子どもに相撲を教えたり、いろんなことができます。ほんまのところ、きついですよ、仕事しながらの部活ですから。仕事って一日一日が真剣勝負でしょう？　終わってからの稽古は体力と気力が大変です」

　子どもの頃から相撲を続けてきてプロになるか、ならないか、一〇代から二〇代はじめに決断する。最初からプロになる気のない人もいるけれど、なりたくてもなれなかった人もいて、福島さんはその後者。事情は違えど、チンバトさんも同じだ。最初からプロになる気持ちがなかったのは西尾さんで、別の仕事をしながら相撲を続けるおすもうさんである意味を教えてくれた。

「僕は小学生の頃から先代の田子ノ浦《たごのうら》親方（元・久島海《くしまうみ》）にかわいがってもらって、何度も部屋で稽古をつけてもらってたんです。間近でプロの相撲を見て、子ども心に「自分にはここまでできないな」って思ってました。でも、相撲は趣味とも違います。相撲は生活の一部ですね。好きだからやる、ずっとやってきたからやる、そして、勝ちたいからやる。毎日仕事して、それから相撲をすると、ああ、よかったと思えるんです。普段は「いらっしゃいませ」と言ってても、一旦土俵に入るとスイッチが切り替わる。僕はそういう生活がとても気に入っています」

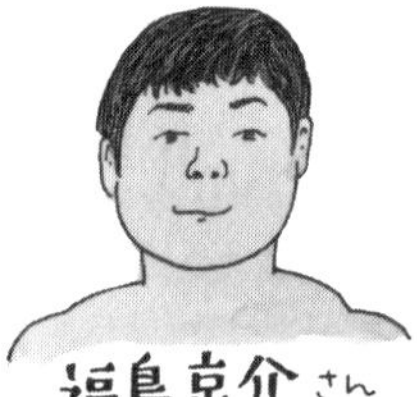

福島京介さん

堀内群青さん

西尾壮人さん

プロにはならないと思いながらも、西尾さんは強豪・東洋大学相撲部に所属して相撲漬けの日々を過ごした。松源に来たのは、東監督が同じ東洋大学出身で、誘われたからだ。

そんな話をしていたら、前日、仕事で稽古に来ていなかったもう一人の相撲部員、堀内さんが入ってきた。えっ? というぐらい細身でスラリ。趣味は映画観賞と読書です、と言いそうな青年だ。聞いたら、本当に映画を見るのが好きだという。

「でも相撲歴は二一年。小一からやっていて、上岡と同期入社です」

どっからどう見ても文化系の堀内さん、松源ではグローサリー(一般食品)を担当していて、

「重い箱を持って店内を走り回ったり。最初の頃は足がジーンとしてつらくて、稽古に来るのにも「ああ、しんど」って思ってました」

それでも来てたんですか?

「はい。やっててあたりまえの生活やったから。みんなみたいに大会に出たりはしないけど、相撲がなかったら、なにをしたらいいのかわからない。相撲をしているから毎日がある。勝ちたいという気持ちだってありますよ。じゃ、貪欲か? と言われたら、う〜ん。でも負けたら稽古します。自分の得意は上手投げです」

そう言って堀内さんも土俵に上がっていった。

社会人が会社に所属しながらスポーツをやるというと仕事はそこそこに、スポーツに集中するのが一般的なイメージだけど、松源相撲部は違う。ほかの社員たちと同じように働き、そのうえ

で相撲をやる。この人たち、とことん、とんでもなく、すがすがしいほどまっすぐに相撲が好きだ。相撲がなきゃ生きていけない。自分と相撲は人生の路をずっと並んで走っていて、途切れることはない。これが本当の相撲道なんじゃないかな。私はこの人たちが大好きだ。

おいしいと言ってもらえるのがうれしい

翌日、今度は和歌山駅からバスに乗り、県庁や大きな病院のある和歌山市の中心街にある本店に行った。ここが一番古いお店だそうで、こぢんまりして落ち着いた、感じのいい店舗だ。私がバイトするならここだな、と勝手に決めた。

店に入って一番奥の左手に、おいしそうな惣菜やお弁当が並んでいる。肉じゃが、すきやき、卵の花、筑前煮、鶏のから揚げ、海苔巻き、煮豆。鮭がドーンと乗ったお弁当が二九八円って、安い！　と、またスーパーのレポートになってしまったが、これらをつくっているのが上岡さんだ。キッチンの扉をトントンと叩くと、コックコート姿の上岡さんが出てきた。

「今日の推しは、肉じゃがです。自慢は卵の花。おいしい！　ってよく言われます。鶏のから揚げも最近とても力を入れているし。このあたりは町の中心でOLさんも多いので小さいサイズのお弁当なんかもつくっています」

どれもこれも、おいしそう！　上岡さん、プロだ（あたりまえだ）。上岡さん、働き始めて何年になりますか？

「五年目になります。僕は料理をつくるのが好きで、高校で調理師の免許も取りました。相撲と料理、両方ができるところで働きたいと松源に来たんです」

料理と相撲なら、相撲部屋に入ってちゃんこをつくればいいのではとも思うけど、上岡さんは違う。

「お客さんにおいしいよ！　と言ってもらえるのがすごくうれしいんです。お年寄りが「このあいだのあれがおいしかったから、また買いにきたよ」と喜んでくれるのがうれしい。僕は子どもの頃から、おばあちゃんや年配の人からかわいがってもらってきたからかもしれません」

上岡さんはしかし、六歳から相撲を始めて中学では地元大分の県大会で優勝。楊志館《ようしかん》高校相撲部ではキャプテンも務めた相撲エリートだ。就職しようか？　悩んだものの大学へ進学。そこから四年間は「相撲まっしぐら」だったそう。

「大学は厳しかったですね。寮生活で夜間外出禁止。相撲漬けで合コンや飲み会とかもちろんないし、深夜二時にこっそり自転車で行くマックが唯一の娯楽でした」

そんな厳しい日々からしたら、今の松源の稽古はゆる〜く感じませんか？

「そう見えますよね。でも、僕らは今、自分たちが責任を負って相撲を取っているんです。大学ではトレーニング方法はもちろん、技一つにも監督の指示があります。今は自分たちで考え、自分のやりたい相撲を取る。じつは卒業してからのほうが僕は勝てるようになりました」

そういえば、上岡さん、松源に来て稽古の概念が変わった、と話していた。中学、高校、大学と相撲エリートの道を歩み、厳しい練習の中に身を置いてきて、今はゆっくりと、でも自分の相撲を取れることで本当に相撲を楽しんでいる。

「みんなゆる〜い人に見えるかもしれないけど、中野さんは西日本で準優勝したことがあったり、福島はわんぱく横綱、僕もわんぱくでベスト4とか、ジュニア・オリンピックの強化選手になったり、けっこうな実力者揃いなんですよ。だから、本当は気が強い人たちばっかり！　見てもらった稽古だと火がついてなかったけど、火がついたら手がつけられない。誰かが「ええかげんにせ〜よ」と言うまでとことんやります。九時でも一〇時でも二時間、三時間、平気で相撲を取り続け、汗だくになって、バチバチやる。絶対に負けられない。堀内だってそうですよ」

えっ？　堀内さんも？

「ああ見えて、堀内は負けず嫌い。でも、誰よりも気がまわるんで、今ではチームのマネージャー的なことをしてくれてます。縁の下の力持ち。一番大事な人です。最初の頃、やつとは本当に仲が悪くて一言も口をきかなかった」

ええっ？

「それが同じ店の勤務になって仲良くなり、頑張ってんだなってわかり合えました。今じゃ、

「家にごはん食べにこいよ〜」とか言ったり、一緒に京都までラーメン食べいったりします」

ごはん？　上岡さんがつくるんですか？

「それもありますけど、去年の一一月に結婚して」

えっ？　新婚？

「あははは。はい。同じ店にいた女性と結婚しました」

まぁ〜。

「そういろいろな人がいて僕らは相撲が取れます。店でも家でも土俵でも同じです」

上岡さんの話を聞いて、ホテルに戻り、お弁当や卯の花、から揚げを食べながら、松源相撲部を思った……と書きたいところだが、いやいや、おいしくて〜。とくに卯の花は絶品。夢中で貪り食い、松源相撲部を思う間もなかった。満腹。

全日本実業団相撲選手権大会

そんなスーパーマンたちが「第六一回全日本実業団相撲選手権大会」に出場するために、埼玉県上尾《あげお》市にやってきた。二〇一九年九月末、まだ暑さが残る頃だ。

実業団大会は昭和三四年から開かれていて、第一回から第四回まで優勝したのは、ホテル・ニューオータニの創業者・大谷米太郎《おおたによねたろう》と、弟の竹次郎《たけじろう》が経営する、戦争特需で育った鉄鋼会社の大谷重工業。兄の米太郎は元力士で、竹次郎も相撲をやっていた。それで会社に相撲部をつくると昭和二八年に中央大学から平聖一《たいらせいいち》という精鋭が入社。この人がめっぽう強くて、今も国技館で年末に行われている「天皇杯全日本相撲選手権」を二連覇する実力で、大谷重工業を日本一に輝かせた。しかし、その平を、大谷重工業を負かせ！と意気込んだのが、和歌山県庁相撲部。この実業団選手権で現在、もっとも多くの優勝回数を誇るチームだ。なんで県庁に相撲部かというと、こちらは戦後にシベリア抑留から復員して県庁に就職した岡本保《おかもとたもつ》が創部し、日大から野見典展《のみのりひろ》を引き抜いた。この人こそが日本アマチュア相撲界の伝説の人。天皇杯三連覇も果たした野見の大活躍があって和歌山県庁は常勝チームとなり、今も和歌山県ではアマチュア相撲が盛んだ。ちなみに和歌山県庁の敷地内には今も、松源同様にドーンと土俵がある。

さて、実業団選手権の開会式ではうれしいことがあった。粉河店青果部主任の中野さんが、大会に一〇回出場した選手に送られる「永年出場功労表彰」を受けたのだ。大勢の前で表彰される中野さんを見て、私まで誇らしい気持ちになった。

そして競技がスタート。一部、二部と分かれ、松源は一部に出場する。一チーム三人で戦う団体戦と個人戦がある。団体戦は一五チームで三回予選を行い、その合計点で決勝リーグに進出できるかどうかが決まる。松源チームは西尾さん(先鋒)、上岡さん(中堅)、中野さん(大将)で、福島さんは個人選のみ、チンバトさんと堀内さんの姿はなかった。

最初の相手は天方《あまがた》産業株式会社。浜松にあるエンジニアリング会社で、けっこう年配な雰囲気の選手もいる。初戦、西尾さんは立ち合い鋭く、とったりでまずは一勝目。続く上岡さんはまっすぐ電車道、押し出しで二勝目。大将の中野さんは寄り切りで三勝目。やった！　三―〇で圧倒的な勝利。「よかったです！」と伝えにいくと、上岡さんは「初戦なんで緊張しました」と笑い、西尾さんは「大学の先輩相手でやりにくかったです」と言うと、控室に足早に下がっていった。いいぞ、松源相撲部！

二回戦の相手は間口《まぐち》ホールディングス。大阪の物流運送系の大きな会社で、三人の選手は見るからに強そうだと思ったら案の定、三分を超える長い相撲を制した中野さんの一勝に終わり、勝負は五分に。行け行け、松源相撲部！

そして三回戦。三人中二人が勝てば決勝リーグに進める。相手は強豪、大阪の摂津《せっつ》倉庫。先鋒・西尾さんはポンポンと二回まわしを叩き、構えて立ち合いは同時。四つに組んだが、グイグイッと寄り切られてしまう。あああっ、残念。

中堅・上岡さん。足で仕切り線を拭って、バチッと立ち合い鋭く、自分より一・五倍大きい相手を一気に寄り切りで土俵の外へ！「自分は小さいけどがぶり寄りでいくんです」と言っていた、その通りの相撲だ。

あと一勝！　大将・中野さんは立ち合いからすぐに組み合い、なかなか動かない両者。先に仕掛けたのは中野さんで、土俵に沿うように相手を押し込んでいったが、あっ！と一瞬のこと。はたき込みで負けてしまった。

残念。これで松源の二〇一九年の団体戦は終了。このあと、福島さんも加わった個人戦があったが、足にケガをしていた福島さんをはじめ、四人とも一〜二回戦で敗れてしまった。

しかし、最後に中野さんに聞いておかなければならないことがある。土俵の下で待ち構えた。

中野さん、表彰されてましたが、前に、いつまで続けるか悩んでいると話してましたね？

「そうですね、一〇回出ましたからね。これで逆に踏ん切りがつく感じです」

それは相撲をやめてしまうということですか？

「続けることは続けますが、これからは後輩たちをみていくことにします」

じゃ、これが一つの区切りですか？

「それはあります」

中野さん、ことばを濁しながらも、どうやら、この日が決意の日となった。アマチュア相撲の引退には大相撲のように華やかな断髪式もなければ、花道で花束をもらうこともない。ただ、自分の中で決意するだけ。

「明日も全員普通に仕事なんで、シャワー浴びたら、すぐに新幹線で帰ります。ありがとうございました！」

そう言うと、中野さんはペコッと頭を下げて、控室に消えていった。

明日はまたエプロンをつけ、レタスやきゅうりを並べる。夕方、仕事が終われば、土俵に立つ。

それがスーパーマーケットのおすもうさんの毎日だ。

6

沖縄・久米島

沖縄角力のおすもうさん〈後編〉

オリオンビール、からの久米仙

久米島の「スナック夢《ドリーム》」にB'z（ビーズ）の熱唱が響き渡った。

伸びやかな声、色っぽい腰つき、甘い視線。ミラーボールがくるくる回る中、歌い手は完全に稲葉浩志《いなばこうし》になりきっている。最初はソファから「いえーい」などと叫んでいた十数人のおとなと子ども。途中からは全員が立ち上がり、飛び跳ねて、踊りまくる。祭りだ。陶酔だ。爆発だ。こんなスナック、東京にはないよ。久米島、すげえ……。

沖縄角力を調べていくと、どうしたって久米島に行き当たる。人口約八〇〇〇人のこの島は、数多《あまた》の名力士を輩出してきた。県全域から実力者が集まる那覇波上宮《なみのうえぐう》の角力大会でも、昭和三一年から平成一一年までの優勝者の約半数が久米島出身者だとか。久米島の角力は、強いだけじゃなくて、正々堂々と美しいのが特徴だと聞く。そういえば辺野古で角力の話を聞かせてくれた宜志富紹司さんも、「きれいな角力が知りたかったら、久米島に行ったらいいよ」と言ってたっけ。

二〇一九年夏、沖縄角力協会久米島支部に問い合わせてみた。支部長を務めるのは宇根哲也さん（四三歳）。ん？ どっかで聞いたお名前だと思ったら、宜志富さんが初めて角力大会に飛び入り参加したときに「久米島の宇根哲也ってやつに簡単に投げ飛ばされた」と語っていた、その人なのだった。宇根哲也さんは、かつて全沖縄にその名を轟かせたおすもうさんらしい。その哲也さんから、すぐにお返事がきた。

「いつでも来てください。仲間を集めて飲み会しましょうね。動物園みたいですから、びっくりしないでくださいね」

動物園みたいな飲み会……おそろしくも魅惑的な響き。おそらくはオリオンビール、からの久米仙。よーし！　二〇一九年六月、わたしは張り切って日本トランスオーシャン航空に乗り込んだ。那覇から四〇分のフライトで、緑濃い久米島に降り立つ。

夕方五時前、猛烈なスコールの中で飲み会は始まった。会場は、支部長の宇根哲也さんが経営する居酒屋「下町の宇根商店」。事情は後述するが、哲也さんは高齢者福祉事業、便利屋稼業、飲食業などを手広くやっている島の実業家である。

哲也さんの店で肉を焼きまくってお腹いっぱいになったところで、哲也さんのお母さんが切り盛りする「スナック夢」に移動しての二次会。ちなみにB'zを熱唱してくれたのが、哲也さんの弟・哲人《てつと》さん。一家総出のもてなしを受けつつ、沖縄角力協会久米島支部のみなさんの話を聞いた。

島袋寿《ひさし》さん(三二歳)は、高校二年生のときに那覇の牧志ウガン奉納角力大会を制した。当時の最年少記録だったという。

「おれの高校時代の写真、見ます?」

スマホに保存してある昔の写真を見せてくれた。うわぁ……ギンギンに剃り込みを入れて、ア

島袋寿さん

イパー(アイロンパーマ)をあてている。ザ・不良。

「ビー・バップ・ハイスクールに憧れてたんすよ」

やんちゃだった寿さんは、放課後に角力の練習に参加するようになって、少しずつ変わっていったという。

「当時は、今の支部長の哲也兄《にい》がチャンピオンの時代で、練習はものすごくきつかったです。でも練習すると勝てなかった相手に勝てるようになる、それがおもしろくて。あと、なんといっても練習後に食わせてもらったカツカレーが最高でした!」

寿さんは、聞いているこちらまでカツカレーが食べたくなる熱量で、カツカレーの思い出をたっぷりと語った。当時、毎日同じ洋食屋さんに行き、毎日カツカレーをご馳走になっていたらしい。

「で、哲人兄に車で送ってもらうんですけど、それがまためちゃくちゃ楽しかった。いっつもガソリンがギリギリで、ガス欠になるんじゃないかヒヤヒヤなんすよ」

哲人さんと寿さんは六歳差。一〇代の少年にとって、学校でも家庭でもないところにそのくらい年の離れた兄貴分がいる意味は大きい。まして一緒に騒ぐなんて最高だ。

「その頃、哲人兄は奥さんと喧嘩すると、おれを必ず呼び出すんです。延々と愚痴を聞かされて、お礼に九〇円のうずまきパンをおごってもらうってパターン」

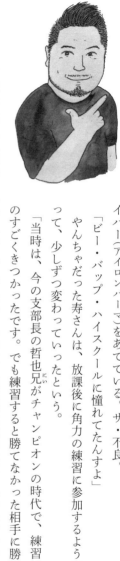

寿さんはうれしそうに笑った。うずまきパンは、沖縄ではおなじみの菓子パン。男どうしの話は、うずまきパンをちぎりながら夜更けまで続いた。ちなみに当時、寿さんは現在の妻である葵《あおい》さんにぞっこんだった。

「最初おれが高二んときに告白したらフラれて、でもそのあと高三で逆告白されて。ヨメは、おれが角力してるとこを見て惚れたらしいです。えへへ」

少し離れたところに座っていた葵さんが、「なんでそんなことまで話してんの……」と呆れた顔をしている。

寿さんは高校卒業後、東京の会社に就職したものの、「やっぱり角力がやりたい」と一年で島に戻る。役場の水道課に勤めながら角力の技を磨いた。通算の優勝回数は二〇回ほど。島を代表する有力選手だったが、二五歳で引退した。

「寿とは高校の同級生です」

山城隼人《やましろはやと》さん(三二歳)はそう言ってはにかんだ。わんぱく小僧がそのままおとなになったみたいな寿さんと比べると、おっとりと穏やかな雰囲気。介護の仕事をしているという。

「ぼくは角力が盛んな美崎《みさき》小学校の出身で、父も兄も角力をやっていたから、子どもの頃から無理やりやらされて……」

話しながら焼けたお肉をお皿に取り分けてくれる。

「ぼくは寿みたいに強くはなれなくて……」

焼肉のたれを注ぎ足してくれる。

「優勝したこともなくて……」

照れくさそうに笑いながら、言った。

「でもたぶん、だから……今も角力を続けてます」

あぁ、そうなのか！　わたしは少し驚き、隼人さんの温厚な表情を見返した。頂点を極めて二五歳で引退する角力人生もあれば、人生の大部分を地道に角力と向き合い続ける道もある。

そこに寿さんが割り込んできて、少し酔った口調で言った。

「おれに言わせりゃ、今でも現役の隼人のほうが、おれなんかよりよっぽどすごいっすよ。過去はなにも意味がない。今やってるやつがすごい」

隼人さんは肯定も否定もせず、笑っている。それからしばらくして寿さんと葵さんが席を離れたとき、隼人さんはさらっと言った。

「昔、ぼくは葵のお姉さんとつき合ってたんです。本島で角力大会があるときは、よく姉妹で応援しにきてくれました。ダブルデートみたいなこともしたなぁ。ぼくらのほうは別れてしまって、今はそれぞれ別の人と家庭を持ってるんですけど……」

わーん、青春だ。ダブルデートをして一方が別れてしまう、そういうことの積み重ねなのだ、

山城隼人さん

人生は。久米島には高校が一つしかない。人間関係は濃厚で、そのぶんおもしろくもあり、面倒でもあるだろう。

二次会のカラオケで、隼人さんはケツメイシの「トモダチ」を歌った。イントロのときは恥ずかしそうなのに、歌が始まると堂々とリズムを刻み、声を張る。この島で、みんなおとなになったんだなぁ。

B'zを歌い踊り、かつてはうずまきパンで後輩を手なずけていた宇根哲人さん(三七歳)は、久米島の現役最高齢力士だ。

「ここまできたら沖縄全島での最高齢を目指してます。おれは土俵で死にたい！　わはは。これ、絶対に書いといてくださいね」

カメラを向けると、かわいいアヒル口をしてみせる。末っ子のお茶目な感じが全身からにじみ出ている。

高校時代はビジュアル系バンドを組んでギターとボーカルを担当していたという。なーるほど、あの魅惑のテンションのB'zにはそういう背景があったのか。角力を本格的に始めたのは一九歳のとき。兄の哲也さんが最強横綱だった時期だ。

「兄貴に勝てたことは一度もないです。でも悔しいっていうより、兄ちゃんが強くてうれしい気持ちのほうが大きかった」

宇根兄弟が対決するとき、観客はいつも沸いた。お兄ちゃんが圧倒的に強いことをみんなが知っているので、おのずと弟の哲人さんへの声援が多くなったという。

「こいつ、ファンが多いんですよ」

と、隣りのソファから兄の哲也さんも証言する。

「おじいやおばあは、みんな哲人のことを応援するんです。沖縄角力の普及のためには、強い横綱も必要だけど人気力士も大事なんですよね。やっぱり久米島には偉大な先輩がたくさんいるから、それを継承していかないといけんと思ってて。だからこいつにはできるだけ長く角力を取り続けてほしくて……」

哲也さんが熱っぽく語る横で、哲人さんはせっせときゅうりに練り梅をなすりつけて、わたしの口まで運んで「あーん」と食べさせてくれる。

「こら、やめれ。支部長が真面目に話しとんのに」

と叱る哲也さん。哲人さんは神妙な顔つきになって、しかし今度は梅きゅうを哲也さんの口元に運ぶ。わは、かわいい弟だなぁ。哲也さんも苦笑いして、結局、弟が差し出した梅きゅうを「あーん」してんの。支部長の威厳より、弟の茶目っ気が勝るのだった。

哲人さんが三七歳まで現役を続けてきたもう一つの理由は、「息子と対戦するまで頑張ろう」という思いがあったため。長男はずっと野球に打ち込んできた。久米島高校野球部ではケガ防止

のため角力を禁じているので、親子で角力を取る機会はなかった。去年、野球部を引退した息子とついに父子対決が実現したという。

「兄弟対決もうれしいけど、親子対決もいいもんでした。次の目標は、いま中学生の次男と角力を取ること。とにかく死ぬまでやるからね、おれは。金井さん、さっきの名言、ちゃんと覚えてる?」

「おれは土俵で死にたい、でしょ?」

「そう! それそれ! 絶対書いてくださいね」

「動物園みたいな飲み会」は夜更けまで続いた。もっともこの動物園の猛獣たち、凶暴性はまったくなくて、愛情がダダ漏れている。ほかにも、今の久米島で四強の一角を占める仲村昭平《なかむらしょうへい》さん(二九歳)や「あんまー(女)角力」に出た女性など、いろんな人が話を聞かせてくれた。

そしてみんなカラオケの順番が回ってくると、ガンガンに歌い、踊る。わたしは久米仙の水割りに缶コーヒーを垂らしてもらいながら(こうすると飲みやすい。ていうか、飲みやすすぎてやばい)、沖縄角力久米島支部の団結力に圧倒されていた。

この島の角力は、少年をおとなにし、おとなを少年にする……。

角力がしたくて島に帰ってきた

翌日の昼下がり、ふたたび「下町の宇根商店」を訪ねた。昨夜の喧騒の余韻はすでにない。海風が無人のベンチを撫でて、後方のさとうきび畑へと吹き渡っていく。仕事の合間を縫って、哲也さんがインタビューに応じてくれた。

生まれたのは久米島の阿嘉《あか》という小さな集落です。小学校と中学校は一学年一〇名ほどで、野球も駅伝も全員でやらなきゃいけなかった。姉と兄がいて、おれの下に哲人がいて、四人きょうだいです。

子どもの頃のおれはですねぇ……今、こういう子どもがいたら嫌だなっていう感じの……とにかくおとなに褒められたいって気持ちが強くて、自分の本音が言えない。はみ出さないタイプ。まぁ、つまらん子どもです。

高校はサッカー部です。じつはサッカー部がなかったから、自分たちでつくったんです。島内にはサッカー部がある中学もなかった。ちょうど沖縄本島の中学でサッカーをやってたやつが久米島に戻ってきたから、「じゃ、お前、経験者だから練習方法を教えてくれ」って。全部で四名集まって、初日の練習をしたんです。高校のグラウンドは陸上部や野球部に使われてるから、具志川《ぐしかわ》グラウンドってところまで走っていって、張り切って練習してですね。そしたら翌日、まさかの、唯一の経験者が練習に来なかった！　どうしたのかと思ったら「退部したい」って、フハハ。シロウト三名残されて、そこからサッカー部を始めたんです。

ま、野球部とサッカーの試合したら負けるサッカー部でしたけどね、ハハハ。おれ自身うまくもないし、かけっこも速くないし、そこらへんも本当に普通の、つまらん人間でした。同級生みたいに酒飲んだり遊んだりもしないで、家と学校と部活の往復、ときどきアルバイト。とくにやりたいこともなくて、なにもしてなかった。せっかく若いのにね。

幼い頃からガキ大将だったのだろうと思いきや、哲也さんの子ども時代のエピソードは少し意外だった。自分はつまらない人間だったのだと、少なくとも自身ではそう認識していたのだと、ほほえみながら素直に話す口調もまた少し意外だった。

沖縄角力とちゃんと出会ったのは、高校二年です。子どもの頃に祭りで角力を取ったことはあったけど、それ以来ずっとやってなくて。高二のときに島の大会に出たら同級生に負けたんですよ。それがあまりにも悔しくて、翌日、角力やってる先輩のところに行って「教えてください！」って直訴しました。それから毎日、サッカー部が終わってから角力の練習。

いい先輩がいて、楽しくてね。ずっとはみ出せない自分だったのが、角力をやるようになって、自分の考えてることを少しずつ出せるようになっていったんですよね。でも、高校のあと（沖縄）本島の専門学校に進学したんで、そこで一旦途切れて。

進路を決めるのもいいかげんでねぇ。進路指導の先生のところに行って「やりたいことがないんだけど、おれに合ったことなんかないね？」って聞いたら先生がそこらへんにあったパンフレットを適当に手に取って「これどうか？」って。それが介護福祉の専門学校でした。当時このあたりでは「介護はおばちゃんの仕事」って思われてたんです。でもなんでかな、「介護か、それもおもしろそうだな」と思ってしまって。親父は一切反対しない人なんで、「やりたいことをやったらいいよ」と言ってくれたけど、たぶん内心「えっ、なんで介護」って思っていたと思う。親戚のおばさんには「男のくせに介護の仕事なんて、お前バカか」と言われました。那覇の福祉の専門学校に入ったら、男子も少しだけいましたけど。在学中から老人ホームでバイトして、卒業後もそこに就職しました。

久米島から離れ、那覇で自活し始めた哲也さんだったが、里帰りした際に久しぶりに角力の練習に参加し、仲間と酒を飲んだのが運の尽き。「久米島で角力がやりたい！」という思いが募り、あとさき考えずに仕事を辞めてしまったのだ。進学や就職で島外に出たものの、角力をやりたいがために島に戻ってきた、という事例は数多ある。角力の磁力、侮るべからず。

当時、沖縄角力協会久米島支部の支部長をしていたのが饒《よ》平《へ》名《な》智弘《ともひろ》さんという方で。沖縄角力をやる人は、みんなこの人を知ってます。現役時代は最強で、引退してからもどれだけの人が饒平名さんに育てられたかわからない。久米島だけじゃなく、沖縄中で尊敬されてる人です。

その饒平名さんが、おれが地元に帰ってきたらすぐに久米島の社会福祉協議会に就職口を見つけてくれて。二年後に久米島で初めてデイサービスができて、その職員になりました。

で、もう毎日角力の稽古。楽しくて仕方がなかったです。当時、饒平名さんは毎日見にきて指導してくれました。おれが最年少で、自分の上には一四、五名いました。みんな横綱張ってるすごい先輩ばかりで。その人たちが引退していって層が薄くなってきたときに、おれが勝たせてもらえた、そんな感じです。島に戻ってきたのは二三歳で、優勝するようになったのは二五、六。本島の大会で勝てるようになったのもそのくらいからです。

角力をすると、みんないい男になる

優勝回数を尋ねても、哲也さんは「さあ、何回でしょうねぇ」と笑うばかり。本当に何回優勝したか覚えていないらしいのだ。それは謙虚なのでも優勝を軽んじているわけでもないことが、だんだんとわかってくる。哲也さんは勝ち負けじゃないところを目指していたのである。

久米島の人間は、つまらん角力を取っても意味がないって思ってる。つまらん角力っていうのは「ホウヤージマ」といって、手数が少ない、腰が引けてる、待っている角力のことです。ホウヤーは「逃げる」の意味ですね。ホウヤージマで相手を疲れさせて、最後に倒して勝つ作戦もあるけど、久米島ではそれはまったく魅力のない角力だと思われてるんです。久米島の大会だったら、ホウヤージマで勝っても見てるほうからヤジが飛びますよ、ハハハ。

沖縄角力は三本勝負ですけど、二本取って勝ったとしても、負けの一本がダメな負け方だったら後悔するんですよね。逆に負けても、「よし、今日は今までの自分を越えたな」と思えたら納得して帰れる。饒平名さんがそういう風に育ててくれたから、久米島の人はたぶんみんなそうです。

饒平名さんの教えを語るとき、哲也さんの口調は熱を帯びる。それは角力を超越して、どう人生に立ち向かうか、の教えなのだ。

饒平名さんは初心者に何回か角力を取らせてみて、「お前は右利きだな」と見抜くんです。角力には「右利き」と「左利き」がある。これはいわゆる日常生活の利き手とは違うんですよ。単純に言うと、相手を投げるときに右から回り込むか、左から回り込むか、どっちが自分の体にとって自然かということでね。

だから久米島では、利き手を生かした練習をする。ものすごくわかりやすく言うと、右利きの人は押していく練習、左利きの人は引く練習をすると効果的なんです。だけど本島のほうでは自分が右利きか左利きか知らない選手も多いんですよ。「お前、なんで右利きなのに左で角力取ってるの？　それじゃ勝てるわけないだろ」って言うと、「え？　なんですかそれ？」って。熱心に稽古に励んでいるのに、もったいないです。

饒平名さんは、利き手のことも含めて、久米島以外の地域の選手にもどんどん教えていくべきだと言ってます。それでよその人が強くなっても構わない、そしたら久米島の選手はさらに練習してもっともっと強くなればいいんだからって。そういう人なんですよ、あの人は。

記録によれば、久米島に角力が入ってきたのは明治時代。この島では、ウマチー（豊作を祈る行事）や雨乞いなど、古い祭祀が連綿と受け継がれてきた。君南風《ちんべー》という女性の神官が取り仕切る祈禱の儀式が終わると、あとは楽しい余興で盛り上がるのが慣例で、昔は大きな石を持ち上げる力比べが行われていたとか。それが明治一〇年代から角力に取って代わられた。砂浜に面した集落が多い久米島では、角力が瞬く間に人気スポーツとして広まった。現在、大きな角力大会が年に五回も開催されるのは久米島だけだ。

「沖縄本島には空手も柔道もレスリングもあるけど、久米島には角力しかない。みんな角力しか知らんのです。だからこそ途切れずにいい選手が出続けているとも言えます」と哲也さん。本島の大会でも、横浜・鶴見の沖縄県人会の角力大会でも、久米島の選手が登場すると「おぉ……」と会場がどよめく。久米島のおすもうさんはどこへ行っても「角力どころ出身」の目で見られるし、「正々堂々の角力」「きれいな角力」を期待される。その誇りと重圧が、さらに久米島の力士を育てるのだ。

さて、哲也さんは二九歳で引退した。ところが、三年後にどうしてももう一度角力がやりたくなってしまい、復活するのである。横綱まで極めた有力力士が引退を撤回するのは前例のないことだった。

二九のときは優勝しなきゃってプレッシャーがすごくて。やっぱり横綱は負けたら引退しなければいけない、という考えがありますから。でも引退して後輩たちの指導をしていると、現役時代はわからなかったことが見えてきたんですよ。

組んでいるとき、相手の肩と自分の肩が当たっていますよね。で、自分の肩に当たる相手の圧力が微妙に変わる瞬間がある。そのほんの一瞬に技をかければ決められる。人の角力を見ている中で、それがわかってきたんです。そうするともうウズウズしてくるんです

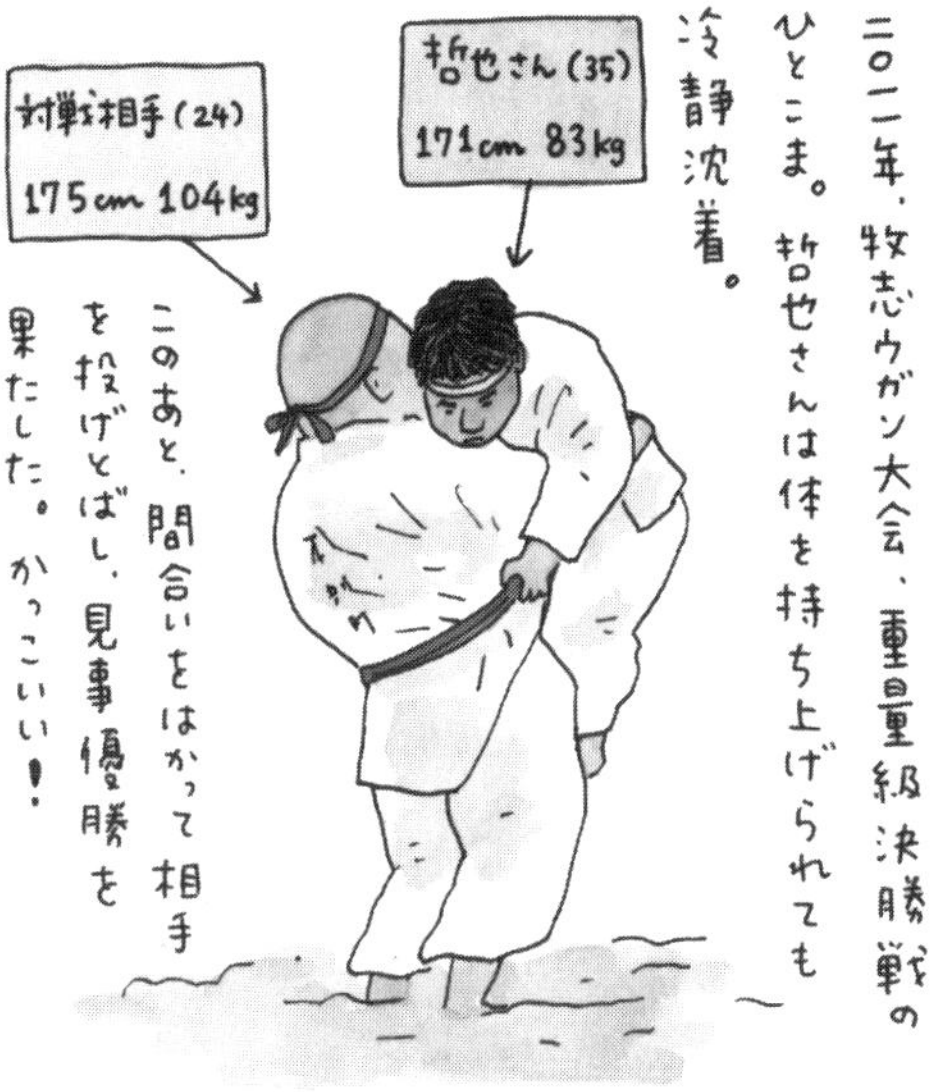
二〇一一年、牧志ウガン大会、重量級決勝戦のひとこま。哲也さんは体を持ち上げられても冷静沈着。
哲也さん(35)
171cm 83kg
対戦相手(24)
175cm 104kg
このあと、間合いをはかって相手を投げとばし、見事優勝を果たした。かっこいい！

よ。自分ももう一回取りたいなって。でも、横綱までやって一度やめたのに復活するやつなんて、聞いたことないですよ。それはやっぱりきれいなことじゃないですから。

　饒平名さんに相談したら「もう一度やれ」って言ってくれて、それから復帰して二年やりました。その二年間は本当に楽しかったです。高校時代から二九歳までより、引退を撤回してからの二年間のほうが何倍も楽しかった。自分にゆとりを持って、純粋な気持ちで角力と向き合えたんですよね。復活後も何度か優勝しましたけど、最後は寿に完敗して、あぁこれで今度こそ気持ちよくやめられると思ってね。「楽しかった、ありがとうね」って言って終わったんです。

　哲也さんは心の底からうれしそうに笑った。横綱のプレッシャーから解放されて、角力を心の底から楽しんだ二年間を思うと、自然に笑顔が出てしまうようだった。そして、角力の技術と哲学は後輩に継承されていく。

角力をやると、みんないい男になっていくんですよ。礼儀も知っていて、バカもできて、仕事でもなんでも手を抜かん人間になる。だからこの島では、角力やってるやつは人気があります。沖縄には「模合《もあい》」といって、同級生が定期的に集まる習慣があるんですけど、そういうときでもだいたい角力やってる人間がみんなのまとめ役。

昔も今も、やんちゃで手に負えない子がいたら、先生や親から「角力を教えてやってくれ」と頼まれる。「わかりました。教えましょうね」って引き受けますよ。角力の人間はみんな強いし、優しいし、おもしろい。なんかすればみんなが叱ってくれる。それでいい青年になっていくんです。次にまたそいつが後輩を教えるようになるんですよ。

この島で角力は、単なるスポーツ以上の存在なのだ。改めて昨夜の「動物園みたいな飲み会」を思う。本当にみんな「いい男」だった！

続いて哲也さんの仕事の話を聞いた。高齢者介護の仕事を主軸にしながら、便利屋や居酒屋の経営もしている哲也さんは、つねに忙しそうだ。そこには島が抱える事情があった。

久米島初のデイサービスで七年働き、三〇歳のときに独立しました。島にはお年寄りが多くて、デイサービスはすぐにいっぱいになってしまうんです。そしたら高齢者は島外の親戚を頼るか、島外の施設に入るしかない。おれは最後までお年寄りがこの島で住めるようにしたいんですよ。そのためにはもっと施設を増やさないと対応できないんだけど、公共ではそう簡単に増やせない。そのジレンマがずっとあって、じゃあもう自分でやろうって。退職して、自宅だったところを改装して民間のデイサービスを始めました。今年で一四年目です。

介護保険制度の中で、事業者に入ってくる報酬はどんどん減ってきています。ただでさえ介護士の給料を上げきれないのに、このまま介護事業だけを続けていくのは厳しいなぁというのがあって。で、お年寄りが「庭の草を刈ってくれ」みたいな頼みごとを言ってくるから、それを引き受ける便利屋さんを始めたんです。キビ(サトウキビ畑)の仕事も海の仕事もしますよ。その延長で飲食業も始めました。いろんなところから収入を得て、目標は介護の事業所を建てること。職員の給料ももう少し上げたい。久米島はまだまだお年寄りや障がい者が住みにくい場所なんですよ。それを少しでも改善したいです。みんなからは「結局、なに屋さんなんですか」って呆れられてますけどね、ハハハ。

はー、哲也さん、すごい人だ。人生をかけて「角力をやると、いい男になる」を体現しているみたいだ。

最後に、久米島で語り継がれているあの件について、どうしても書いておかなければならない。


おれはお年寄り相手の仕事をしているので、戦時中の話を聞くことがありますよ。久米島は米軍の艦砲射撃を受けたけど、本島のような悲惨な戦闘はなかったです。ただ、島民は日本軍に殺されたんです、スパイだと疑われて。その中に仲村渠明勇《なかんだかりめいゆう》さんて方がいまして、その親戚にあたる方がデイサービスに通っていて、話を聞いたことがあります。


敵国アメリカにではなく、日本軍に殺された。島の人たちが決して忘れることのできない事件の経緯は、以下の通りだ。

一九四五年六月、二〇万人以上の死者を出して沖縄本島の戦争は終結した。米軍はその後、久米島への上陸を企てる。米軍は情報収集のため、島の西側に住んでいた中学生の宮城《みやぎ》くんと隣人の比嘉《ひが》さんを拉致した。さらに、たまたま見つけた郵便局員の安里《あさと》さんに降伏勧告状を渡し、「これを日本軍のところに持っていけ」と命じた。当時、久米島にいた日本軍兵士はわずか三〇人ほど。山中に見張所をつくって駐在していた。

六月二七日、安里さんが降伏を促す書状を日本軍の見張所に届けたところ、スパイとみなされピストルで撃ち殺された。安里さんの妻はその後、自殺している。

六月二九日、米軍に拉致されて戻ってきた宮城くんたちにスパイ容疑がかけられ、家族もろとも、さらには責任を取らされた区長と警防団長、合計九人が日本軍によって刺殺された。親族も近所の人たちも軍の制裁をおそれて、遺体の埋葬すらできなかったという。

哲也さんが遺族から話を聞いたという仲村渠明勇さんのケースも痛ましい。仲村渠さんは当時二五歳。前年召集され沖縄本島に出兵したが、米軍の捕虜になり、屋嘉《やか》の収容所に入れられていた。四五年六月、捕虜収容所に米兵がやってきて「久米島出身者がいたら、われわれの上陸の案内をするように」と言った。米兵は、誰も協力する者がいなければ巡洋艦三隻で艦砲射撃をしてから上陸するつもりだ、と脅したらしい。故郷を守るため、仲村渠さんは案内役を買って出て、米軍とともに久米島に向かった。上陸後は怯えている住民たちに、「抵抗しない限り、米軍は民間人を殺さない」と伝えて回ったという。それがスパイ行為だとみなされた。日本兵は仲村渠さんの住まいを突き止め、一家を殺害した。巻き添えを食ったのは妻と一歳の息子だった。殺されたのは、日本が無条件降伏をした直後の八月一八日。

さらにその二日後、朝鮮人の一家が惨殺されている。釜山出身で日本名を谷川さんと名乗っていた夫と、名護出身の妻は、久米島で行商をしていた。たいへんな働き者で、地域の人の信頼も厚かったという。だが、米軍の缶詰を売っていたと何者かに密告されたことによって、日本軍の殺害の対象になる。一〇歳、七歳、五歳、二歳、それにまだ赤ちゃんだった五人の子どもも一緒になぶり殺しにされた。

犠牲になったのは計二〇人。いまここに名前を挙げた人たちも、戦争が起こる前はもしかしたら浜辺で角力を取っていたかもしれない。お祭りのときに「一丁やるか」と仲間と組み合って、喝采を浴びたかもしれない。哲也さんの、日に焼けた太い腕をぼんやりと見ながらそんなことを思った。

おれは二〇代の頃から介護の仕事に携わっているんで、戦争のことを覚えている人にたくさん会いました。自分も関心があったので、実際にどういうことがあったのかよく質問しました。「米軍は優しかった、日本軍は怖かった」ってみんな共通して言いますよ。本島の人も日本軍に対して同じ気持ちだと思います。あちらはもっと苦しい悲しいことがあったわけだけど。

だから沖縄ではずっと国歌斉唱はしなかったです。最近こそ国歌が流れる機会もあるけど、おれたちが子どもの頃はそういうのがなかった。だから今でも国歌、ちゃんと歌えないです。

久米島の日没は遅い。とりわけ夏は。初日は土砂降りだったが、翌日は美しい夕焼けがいつまでも空に残っていた。すっかり日が暮れきるのは夜の七時半。きゃきゃきゃきゃきゃ……とどこからともなくヤモリの声が聞こえ出す。そして、グラウンド脇の砂場で角力の稽古が始まる。

白い電灯の下、高校生を中心に島のおすもうさんが一〇人ほどうごめいていた。最初はすべての技の基本となる「打ちこみ」の練習だ。腕の力で相手を引きつけ、足を股下に踏み込み、肩をねじり入れ、肘を上げる、という一連の動きを素早く何度も繰り返す。体が温まったら実戦練習。一対一で技をかけ合い、アドバイスし合い、相手の背中についた砂を払い、取組後にはちゃんと互いに礼をする。みんな、真剣そのもの。でも、砂場をならしたり水を飲んだりするときには、

「おれ、夏休みにひげを生やそうかと思うんだけど、どうかな」

「やめれ。似合わん」

なんてぜんぜん関係ない話をしているのがおかしかった。

きっと長老の饒平名さんも、支部長の哲也さんも、寿さんも隼人さんも、みんなこういう時間を過ごしておとなになったんだろう。

きゃきゃきゃきゃ……。生暖かい暗闇に、ヤモリの声が響いている。

7

石川・唐戸山

祭りのおすもうさん

能登へ行った

まだまだ暑さが残る二〇一九年九月末、石川県・羽咋《はくい》市へ向かった。東京・羽田から小松空港に飛んで、そこからバスで金沢市内へ。その日はのんびりし、翌朝いしかわ鉄道に乗り、そのまま能登《のと》半島を七尾《ななお》まで北上するJR七尾線に乗り入れ、ぼんやり小一時間。羽咋駅に着いた。

羽咋では毎年九月二五日(旧暦八月二五日)に「唐戸山《からとやま》神事相撲」という行事が行われている。

古来、日本において相撲は神の思し召しを判断するための卜占《ぼくせん》として取られ、その年、どちらがより豊作を得るか、より幸せになるか、その判断を神に求めた。それぞれの場所から力自慢が出て相撲を取り、「年占《としうら》」をし、やがてそれが祭りに付随する余興のようになり、神事相撲、または伝承相撲として今に伝わり、日本各地に残っている。唐戸山はその最古のものとされ、二〇〇〇年前から今に残る神事相撲だ。ちなみに、二〇〇〇年前からという史料はどこにも残っていない。でも二〇〇〇年といったら二〇〇〇年。石川県の指定無形民俗文化財になっている。

「当日は市役所の敷地にある体育館に一時半ぐらいに来てください」

そう私に伝えてくれたのは、この唐戸山相撲を仕切る橋本俊一《はしもとしゅんいち》さん。唐戸山について問い合わせの電話をしたとき応対してくれた市役所の人からも「唐戸山のことは橋本さんにしかわかりませんから」と太鼓判を押される橋本さんは、唐戸山と関わって五〇年。「年が明けたら八〇歳になります」という人だ。

「こんにちは〜」

市役所脇の古い体育館の入り口から大声で叫び、中を覗くと、すでに大勢の男性が車座になっていた。真ん中についたてのようなものがあり、その向こうにも人のいる気配がする。

「橋本さん、いらっしゃいますか?」

「あっち側にいるよ」

ついたての向こうを指すので行くと、そちらにももう一群、車座の男性たちがいた。なんだか状況がぜんぜん飲み込めないまま橋本さんに挨拶をすると、こちらの車座でもあちらの車座でも「それでは始めます」と、なにやら話し合いが始まった。

「本日の役員を発表させていただきます。取締役は○○さん。頭は○○さん。検査役は○○さん。顧問は○○さんと○○さん……」

次々名前が読み上げられ、車座に座った男性たちがうなずき、紙に名前を書き入れていく。

「あのぉ、これはなんですか?」

「今年の唐戸山相撲の運営役員を任命しています。私らは全員、唐戸山相撲の大関で、私は平成元年に大関になった西川といいます。今年は氷見《ひみ》(富山県)から大関が出るので、同じ氷見の私が取締役です」

まったくちんぷんかんぷんで、首をひねる私に橋本さんが解説してくれる。

「唐戸山相撲は羽咋の邑知潟《おうちがた》(潟湖)を境に、加賀(石川県中部)と越中(富山県北西部)の方面を「上山《かみやま》」、能登方面(石川県北部)を「下山《しもやま》」と分けます。上山と下山からそれぞれ一〇〇人ほどが参加しますが、最後に相撲を取る大関の候補をあらかじめ決めておきます。毎年二人が大関になり、大関は翌年から親方になるんです」

どうやら、ついたての向こうとこっちで上山、下山と分かれ、それぞれ大関候補をあらかじめ決めて相撲に挑むらしい。でも、大関って強い人、勝った人がなるものじゃないんですか？

「大関はその日勝ち抜いた強さで決まるわけじゃないんです。後輩の指導ができて、人格を含めて選ばれるので、割と年齢が高いんです。長年の功績ですね」

じゃ、功労賞のようなものだろうか？　考えていると、今年の上山の大関候補の西森正憲《にしもりまさのり》さんが立ち上がった。

「みなさま、西森正憲と申します。本日は唐戸山神事相撲、上山、大関候補としてご推挙いただきまして、ありがとうございます。この日を迎えるにあたり、私自身、唐戸山という見えないプレッシャー、不安が多々ありましたが、頑張ってこいと背中を押してくれるみなさまの期待に応えるべく、またここにいらっしゃる親方のみなさま、歴代大関のみなさまの顔に泥を塗らないよう、後援会のみなさまとしっかり準備してやってまいりました。本日は最後まで隆櫻《りゅうおう》(四股名)をまい進してまいります。どうぞ力強いご指導ご鞭撻、よろしくお願いいたします」

ピシッとスーツを着て、淀みなく話す。大関になるって、なにやらすごいことなのは伝わった。話し終えた西森さんに声をかけてみた。

「ここ唐戸山に参加するようになって、かれこれ二〇年ちょっと。四三歳です。大関にはなりたいと思ってなれるものじゃなく、後援会のみなさんにご尽力いただかないとなれません。大関になったら、さらに地域の相撲の発展に努力していかないとならないんです」

聞けば聞くほど、大関の意味合いがわからない。後援会ってなに？　ついたての向こうでも大関候補の挨拶をやっており、走っていくと今年の下山の大関候補、寺坂行一《てらさかこういち》さんがいた。

「私は七尾の相撲連盟の理事長をしています。大関は若い人がなるわけではなく、私も来年還暦です」

今日の最後に相撲を取るという大関候補のお二人。ただ強いだけじゃなく、地元の相撲に貢献してきた人が選ばれるのはわかったが、それでなにがあるの？　そもそも唐戸山神事相撲って、ただのお祭りじゃないの？

ふと見回すと、さっきまで厳粛だった車座のみなさんにお酒や乾き物があれこれ配られ、午後二時過ぎから早くも宴が始まっている。やっぱり、お祭り？　私もお煎餅を見つめていたら、

「さ、和田さん、次は神社に行きますよ」と、橋本さん。あ、お煎餅……後ろ髪を引かれながら羽咋神社へ向かった。

大関には石碑も建つ

神社では「奉額祭《ほうがくさい》」と呼ばれる儀式が行われるという。橋本さんいわく「去年の大関の額を奉納する」んだそう。大関、とことん、すごい。

会場となる羽咋神社は、唐戸山神事相撲の主管。羽咋神社の祭神である磐衝別命《いわつくわけのみこと》は、地域の村人たちを苦しめる盗賊や怪鳥を退治し、無事に農耕が行えるようにしてくれた大恩人だという言い伝えがある。命《みこと》が大の相撲好きだったことにちなんで、命日に合わせて力士を集めて相撲を取らせたことに神事相撲は始まる。唐戸山は命の墓をつくるために土を運んだ跡の窪地とも、それ自体が命の陵墓とも言われている。「唐戸」とは棺を意味し、「山」は死者の世界を意味することばだ。どちらにしろ、この地に安定した農耕をもたらした命を喜ばせたくて、地域の人たちは二〇〇〇年ずっと相撲をやってきた。そう考えたら、命は日本一果報者な相撲ファンかもしれない。

午後三時過ぎ、体育館にいた人たちや羽咋市の関係者らが集まり、装束をまとった人が太鼓と笛をにぎにぎしく鳴らし、奉額祭が始まった。明るい曲調で祭り的なムードが俄然盛り上がり、昨年の大関二人の額が奉納された。木製の立派な額に金文字で名前や出身地が書かれ、いかにも相撲らしい意匠だ。額はただちに飾るようで、脚立が取り出されて壁に収まった。この奉納額、明治一一(一八七八)年からの大関のものが飾られ、驚くことに戦時中の大関もいる。相撲は休むことなく続けられてきた。

「昭和三〇～四〇年代頃のこのあたりには商店もまだまだ少なかったから、通りにぎっしり埋まるぐらい露天商が出て、一年分の生活用品を買ったり嫁入り道具を揃える人もいたんですよ。見にくる人も多くて近所の食堂なんかは一年分の稼ぎのほとんどをここで稼いだぐらいで」と、橋本さんは懐かしそうに語る。大学を卒業してから羽咋の商工会に勤めた橋本さんは相撲を取らない。だけど、相撲が大好きで、唐戸山相撲が大好きで、とっくに定年を迎えて仕事でもないのに、大会の運営や放送などを引き受けている。

「石川県は相撲どころ、相撲が盛んと言うでしょう。それは唐戸山があるからですよ」

橋本さんはそう胸を張る。

二〇〇〇年は大げさでも、「唐戸山相撲」という名称は安政《あんせい》三（一八五六）年には文書に登場する。この年、江戸幕府も何度もそうしたように、加賀藩は相撲禁止令を出した。相撲場ではヒートアップした見物人たちが騒ぎを起こし、刃傷沙汰が絶えないからだ。でも、「唐戸山相撲だけは例外にしたんです。古くから続くものだから黙認しますって。その頃にはすでに歴史があるものだったんですよ！」と市役所の広報課の人も胸を張って教えてくれた。自慢でたまらないのだ、唐戸山が。

橋本さんが貸してくれた資料を読み込むと、確かに歴史がありそうだ。かつて神仏が一緒に祭られていた神仏習合の頃、羽咋神社は本念寺《ほんねんじ》というお寺としてあった。本念寺はこのあたりで門徒が一番多かった浄土真宗の中心的な寺で、加賀藩も一目置く存在。なにより一向一揆《いっこういっき》（門徒による一揆)が起こることをおそれ、相撲を許可してガス抜きをはかろうと、唐戸山相撲を「力競べである」とか無理やりな言い訳をして黙認していたらしい。

相撲が行われる日には報恩講《ほうおんこう》(年に一度の大法要)も開かれていた。というより、報恩講に連なって相撲が行われたと言っていい。さらに橋本さんが話していたような、露天商による市も昔から立っていて、相撲は神事ならぬ仏事(報恩講)でもあり、買い物のための口実でもあり、一年に一度の楽しみでもあった。

神社内をウロウロしていたら、元大関の北脇貴士《きたわきたかし》さんに会った。東京でシンガー・ソングライターとして活動し、毎年、唐戸山相撲には欠かさず来るそうだ。

「僕は大相撲の遠藤《えんどう》と同じ穴水町《あなみずまち》出身です。穴水では男の子に生まれたら、まわしを締めて相撲大会に出るのは当り前。親父も草相撲をやっていて、昭和五四年に大関になり、僕は平成二二年に大関になりました。親父は近所の人にも尊敬され、石碑が地元にあります」

石碑? 聞けば、唐戸山の周りにはそういう石碑がいくつもあって、確認できる中で一番古いものは嘉永《かえい》三(一八五〇)年の羽鳥川久松という力士の石碑だそう。残っている文書よりも石碑のほうが古いことが、唐戸山相撲の歴史を伝える。そして、北脇さんの話にはもう一つ大事な指摘がある。草相撲だ。今年の大関の西森さんも、「相撲には競技相撲と草相撲とがあると思いますが、僕は草相撲で育ってきたので、唐戸山相撲は身近なんですよ。唐戸山は草相撲の文化です」と言っていたのを思い出した。なるほど、唐戸山相撲は草相撲の大会なのか。

思えば、沖縄の角力だって草相撲だし、北海道の「女だけの相撲大会」も草相撲だ。草相撲とは「なんらかの形で信仰との関わりを持ち」「土地との結びつきが強く」「主として素人のあいだで行われる」相撲を指す。草相撲こそが日本の相撲の原点であり、広く東アジアに広がる相撲文化——中国の摔跤《シュアイジャオ》や韓国のシルム、さらにモンゴルのブフも草相撲の文化じゃないか？　東アジアの伝統の相撲とは草相撲なんだとユーラシアの大地を想像していると、また橋本さんに声をかけられた。

「和田さん、唐戸山に行きますよ」

いよいよ相撲大会の始まりだ。

相撲が強ければ尊敬される

神社から車で五〜六分、夕方五時前に会場の唐戸山に着いた。そこはなんだか不思議な場所だった。すり鉢状になっただだっ広い原っぱで、一番低いところに土俵が、屋根もなく、むき出しにドンとある。周囲には木が茂っていて、地面は小さな石がごろごろし、草が生えていたりしてまったく整地されていない。じつは羽咋市はＵＦＯの目撃談が多く、駅前にはＵＦＯのオブジェがあり、町中いたる所に宇宙人の幟が飾られているおもしろい町だけど、真顔で「ここはＵＦＯの基地ですね」と言いたくなる空気感。そして、命の陵墓であるという説にも大きくうなずきたくなる神聖な雰囲気だ。

土俵の周囲にはいくつか白テントが設置され、先ほど車座になっていた元大関、今や親方の男性たちが集まって座っていた。近隣の中学や高校の子たちもやってきて、素早くまわし姿に着替える。まずは彼らが「稽古どり」と呼ばれる相撲を取っていく。順繰りに、わいわいがやがやと相撲を取る。子どもたちにはジュースやお弁当も配られ、みんな遠足のように楽しそうだ。

「わしらが子どもの頃は、遊びといえば相撲じゃったね。能登ではたいてい、みんな漁場に行く。ほんで帰っても娯楽はとくにない。野球とかは用具にお金がかかるし、相撲なら簡単でわかりやすい。気づいたら相撲しか知らなんだ。しかも相撲は大会に出れば必ず景品もあるしな。子どもにはノートや鉛筆、おとなならブリキのバケツとか生活雑貨がもらえる。勝てばさらに竹で編んだカゴとか箒《ほうき》とかよいものがもらえて、お父さんが勝ってそういうものをもらってくりゃ、お母さんは「お父さん、やった！」となるだ」

そう教えてくれたのは、平成七年の下山の大関だった瀬川勇人《せがわはやと》さんだ。七尾湾に浮かぶ能登島の出身で、家族で民宿を営んでいる。六四歳。大相撲の輝《かがやき》は能登島の相撲道場出身で、瀬川さんはよく知るという。七尾でも草相撲は盛んだが、そこには大切な意味があった。

「相撲はとにかく生活に密着しとった。個人を誇示するためにはどうしても必要なものやった。要は口下手でも力があって相撲が強ければ、それだけで尊敬される。今はそんなことはないけど、相撲が強いと「あの人はすごい」って言われる。名誉なんだね。うちの親父たちもみんなそうやって相撲をやっとった」

そうか、名誉だ。強いお相撲さんは尊敬される。大関ともなれば大いに尊敬される。

「唐戸山は今もこうして上山と下山に分かれているけど、昔は上山と下山が本当に敵になった。それぐらい真剣で、大関になるのも昔は候補者がいっぱいおって、俺らは順番待ちやったんや。五年ほども待たにゃならんだった。なにせ先輩がようけおるもんでな」

そんな話をしていたら、先ほど体育館で挨拶した還暦間近の今年の大関、寺坂さんがやってきて言った。

「昔はね、そうやって順番待ちで大関になりましたけど、私の場合は七尾の相撲界の大御所が三人で連れ立って「大関になってください」とお願いに来たからで、断れないでしょう」

今はそんな風なんですか？　意外な顔をする私に寺坂さんはいささか言い過ぎちゃったかなというように、「でもね、一緒に相撲を頑張ってきた先輩たちがおるし、自分だって相撲に育てられたものだからねぇ。恥ずかしいことないように最後までお務めしたいと思いますよ」と言う。

今は相撲をやる人も減り、唐戸山相撲も縮小化している。

「伝統ある相撲だけど、伝統しかなくなっちゃったのかもしれんね」と、寺坂さんがポツリと言った。

かつては一年分の生活用品を買うほどにぎわった露店も、数えるほどしか出ていない。一年に一度の大きな祭りだというのに駅前にはほとんど人がいないし、シャッターが閉まったままの店がいくつもあった。開いているお店も、年老いた人がゆっくり店番をしているところが多く、幹線道路から少し脇に入った大きなスーパーマーケットだけがにぎわっていた。どこの町にもある日本の今の風景があった。

あちこちに相撲大会がある

今度は上山のテントへ行ってみることにした。下山のテントで話しているあいだに土俵の上では相撲がどんどん進んでいて、「小決勝」、「中決勝」、「十人弓《ゆみ》」とトーナメントが行われていた。相撲経験の浅い人から順に小、中と出場する。勝ち抜いた人にはノートや鉛筆ではなく、今はタオルなどスポーツ用品の賞品が出る。夜の九時頃までこのトーナメント形式の取組は続く。

「今もこうして中高生が来て相撲を取ってくれてるからね。唐戸山の相撲は、彼らがいなかったらなくなってしまう。頑張ってもらわねば」

そう唐戸山の未来を子どもたちに託すのは、平成六年の下山の大関、村井《むらい》幸男《ゆきお》さんだ。笑顔が優しそうで、吸い込まれるように話しかけてしまった。

「私は津幡《つばた》の出身ですが、昔は八月に地元で八朔《はっさく》相撲というのがあったり、石川県はあちこちで相撲大会がにぎわっていたんです。その最高峰が唐戸山。唐戸山相撲の大関になるには、まずはあちこちの相撲大会に出てなきゃならないの」

六二歳になる村井さんは相撲が強かったのだろうか？

「恥ずかしくて言えんがな」

言ってくださいよ〜と迫ると、「一応、県のチャンピオンになったことがある。高校三年のときな」って、すごい。じゃ、プロになろうとしましたか？

「あるな。でも今から考えたら、大相撲に行かんでよかったよ。名古屋の大学に行って自分のレベルがわかったもん。二つ上に朝潮《あさしお》がおって、大学に行ったらメキメキ強くなって。そういう人じゃないとプロは無理や」

村井さんは大学を卒業してから津幡に帰った。

「戻ってからは小学生の相撲教室を開いたり、ずっと指導してきて。大関ちゅうのは、そういうことへの功労賞みたいなもんでしょう。強い弱いは関係ない。あなたはよく頑張ってきましたね、というものですよ」


さらに、四股名まで持っていた大関という位にはいろいろな「意味」があったと教えてくれたのは、昭和五三年に上山の大関になった畠中美津男《はたなかみつお》さん。地元、羽咋市の人だ。

「私は今年、満で六九歳なんですけど、大関になったのは二八歳で、今までで一番若いんじゃないでしょうか。地元だけでも候補者が三人いて、順番でいうたら私はその先。一二年後になるはずでした。ところが当時の相撲連盟の理事長さんが「若い人たちを伸ばすために若い者にやらせてくれ」と言って、急に私に順番が回ってきたんです」

若くして大関候補に推薦された畠中さんは「先輩をさしおいて」「おまえが先にやるのか」と

町中で陰口を言われ、大関選びはギリギリまで揉めに揉めた。

「それでも決まってからは、町中でお祝いしてもらいました。青年団、婦人会、少年団、それぞれ後援会をつくって寄付金集めをしてくれます。私のときでも一〇〇〇万円もの金額が集まりました」

一〇〇〇万円!? それはどうするんですか?

「大関はそれで花相撲という祝い相撲を開くんです。唐戸山相撲が終わってすぐ、地元の神社に土俵をつくってやるわけです。出世相撲ともいいます。神社に祝儀を渡し、記念品をつくって後援会の人たちにお返ししたりね。どんな記念品か? 昔ですから灰皿とかですね。そしてごはんを食べさせ、飲ませる。四〇年前ですからね。そんなでした。今はもうないですね。ぜんぜん違います」

花相撲では土俵入りをしたり、地元の若い衆と相撲を取って披露したそう。唐戸山で大関になるとは、とてつもないことだったんだ。すごい人になると、大関への寄付金で旅館を開いた人もいたというから、びっくり。さらに、大関になった人は翌年から親方の称号も得るわけで、親方になった人は弟子を取って石川県各地の相撲大会に送り込み、賞金を手にすることもあった。やり手の親方は相撲部屋を持って各地の相撲大会を転戦して稼いだというから、唐戸山それ自体が一つの興行団体のようで、大関になることは生業にもなりえることだった。明治、大正、昭和のはじめまでの話だ。

そして、大関になるには家族の協力も欠かせない。

昭和六二年に三二歳で大関になった荒木孝平《あらきこうへい》さん(六四歳)は、羽咋市役所に勤めていた。唐戸山だけでなく、地元の歴史・文化に詳しく、話好き。荒木さんが大関になった年にはＮＨＫが取材に来て、「じゃーまと土俵」というドキュメンタリー番組(「新日本紀行」)も放送され、荒木さんは唐戸山のこと、能登のこと、番組でたくさん語ったんだそう。私にもいろいろ教えてくれて、その中には「羽咋という名前は磐衝別命が怪鳥を退治したときに、命が連れた犬が羽を喰いやぶったからついたんですよ」という話もあった。唐戸山で聞くと、伝説も信じたくなる。

「大関に選ばれると、地域の人が班を組んで近所を回って寄付金を集めてくれるんです。それで、じゃーまがオニギリやらごはんをあれこれつくって毎日、接待するんですね。じゃーまっていうのは、能登の方言で嫁さんのこと。じゃーまには働き者という意味もあるけど、父ちゃんが大関になると、もっと忙しくなる。うちのじゃーまは学校の先生をしてるから、そりゃ大変だった。大関には周囲の人たちに、してもらう感覚なんですわ」と言う。

でも、ときは移ろい、唐戸山相撲の存在感は薄らいできている。もうＮＨＫも来ない。唐戸山はどうなってしまうんだろう？

「いや、なくなりません」

去年の大関だった西村幸祐《にしむらこうすけ》さん(四〇歳)が力強く言う。先ほどその名が額になって奉じられた人だ。

「ここの人たちの相撲熱はすごいんですよ。ほかの地域から見ると異常かもしれないと思うぐらい。僕は、今は特別支援学校で教えながら津幡の中学で相撲部の指導をしています。平成二八年には全中（全国中学校相撲選手権大会）で準優勝しました。ここ唐戸山の土俵では中学生、高校生の県予選もあるんで、石川県で相撲をやる子たちにとって馴染みのある場所です。僕ら世代が子どもたちに、由来や大切さを伝えていきますから」

西村さんが話す背中にある土俵では若い人たちが相撲を取っていた。声をかけてみたら地元の会社員たちで、聞けば普段は相撲をやらず、唐戸山のときだけ特別にやるんだとか。「普通に仕事を終えてから来ました」「唐戸山は特別ですから」と言っていた。

いよいよ大関登場

夜の九時を過ぎると土俵は中入りとなった。土俵の隅にはかがり火が焚かれ、戦いの場は盛り上がっていく。さっきまではいなかった海外からの観光客や、近所の家族連れがお弁当を食べながら見ている。立派な化粧まわしを巻いたかつての大関たちや地元の力士たちが土俵入りをし、神事太鼓が叩かれた。前弓(小結を決める取組)、中弓(関脇を決める取組)と呼ばれるそれぞれ二番勝負の相撲が行われ、ここからが神事相撲という扱いになるんだという。上山、下山の人たちが幟を手に東西それぞれに集い、「羽咋の○○」「七尾の○○」と四股名を呼ばれると、その度に全員が「うお〜いい!」と雄叫びをあげる。祭りの気分が高まってきた。

そして夜の一〇時半を過ぎ、ついに奥弓《おくゆみ》、大関を決める取組のときが来た。東から上山の大関候補の隆櫻が上がり、西から下山の寺坂が上がる。りゅうおう〜! てら〜! かけ声があちこちから響き、「はっきよい!」の声とともに四つに組み合うと、そのまま、行司を巻き込みながら土俵下にドーンと二人いっぺんに転がり落ちた。

えーー? 同時に土俵脇に座っていた検査役(審判)全員が行司の元に駆け寄って、この取組だけに使う真っ白な軍配を行司から奪おうともみくちゃ!

なんだなんだ? でも、これらすべてお約束。一段落すると、上山と下山から代表者が一人ずつ出てきて行司との話し合いのあと、行司が高らかに告げる。

「とざいとーざい、ただ今の勝負、上山、下山、両大関にございま〜す〜」

両者ひきわけ。大関の二人はマー(馬)と呼ばれる仲間たちによる騎馬にそれぞれ乗せられた。

ワーワー歓声があがり、拍手、拍手、撮影、撮影、スマホ、スマホ、フラッシュ、フラッシュ！　そのまま神社までの約一キロあまりを真夜中、大関を乗せた騎馬が駆け抜けていく（といっても最近では途中、歩いているそうだが）。

私はまた橋本さんと一緒に車に乗ってブーンと神社に先回り。待っていると、わっしょいわっしょいと大関を背負った騎馬が羽咋神社に入ってきて、拝殿へと駆け上がり、ゴール！　神社からさまざまな授け物を受け、雅楽が鳴り、すべてが終わったのは深夜○時半。小さな子が神社の床ですっかり熟睡していた。外に出ると、若いおすもうさんたちが、まわし姿に足袋のまま連れ立って急ぎ足で歩いていた。今日このときだけの祭りのおすもうさんたち、明日は普通に会社に行くんだろうな。

草相撲のおすもうさんが担ってきた

大関ってなんだ？　唐戸山神事相撲ってなんだ？　昼に着いたときはなにがなんだかわからなかったけれど、少しだけわかった気がした。

唐戸山があることで、この地方の草相撲はほかの地域よりも根強く、熱く、育まれた。相撲は漁や農耕の合間の楽しみであり、心の拠りどころであり、勝ち負けよりも人と人がつながっていくためにあった。大関になることはこの上ない名誉であり、ときに生活の糧にもなった。男は生まれたときから、おすもうさんだった。女は記録からは見えないが、地面に円を描いてやる日常

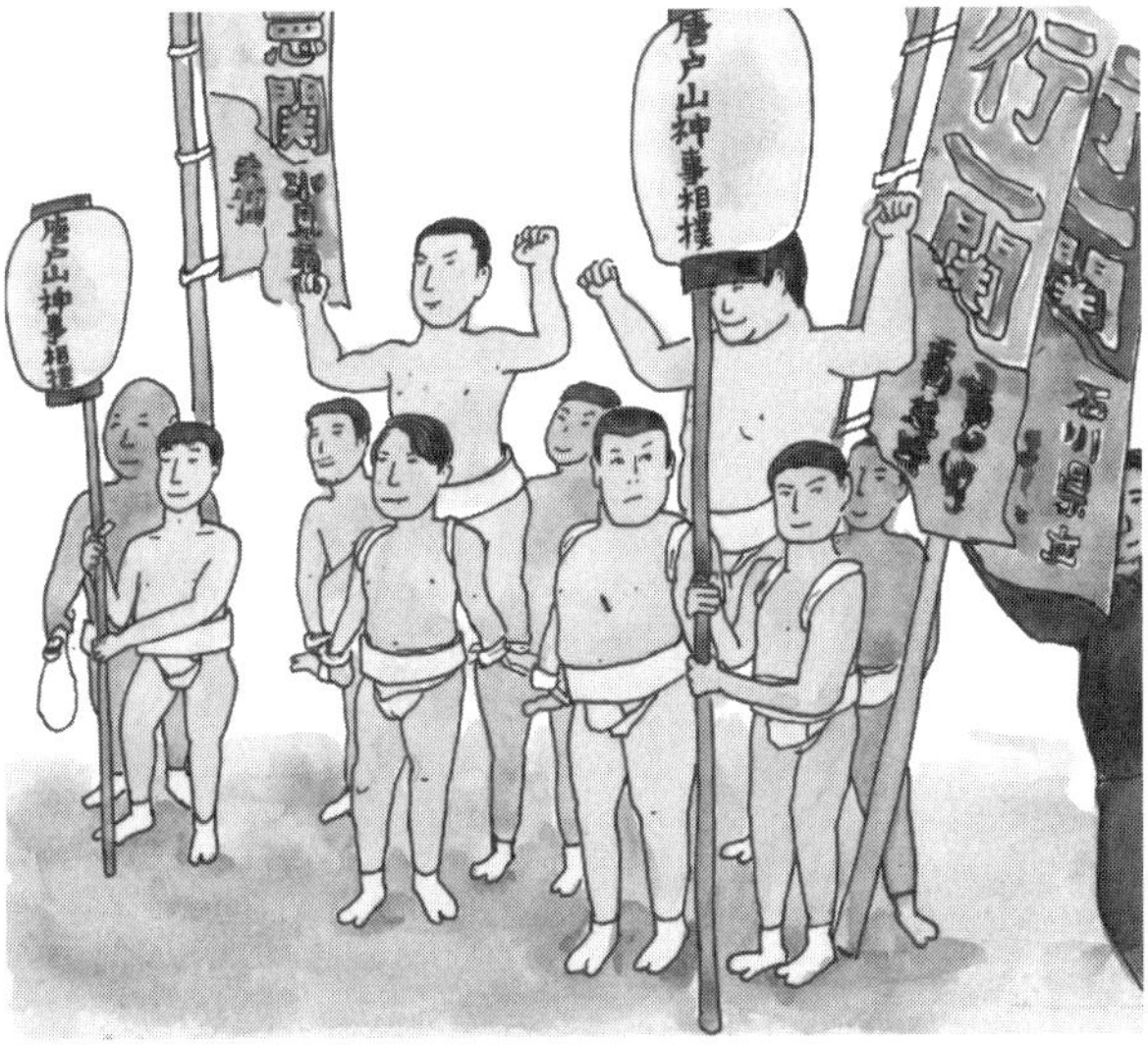

の相撲の場には、きっといたはずだ。じゃーまたちが勇ましく相撲を取る姿を想像してニヤニヤする。ちなみに唐戸山相撲場では普段、女子の相撲大会も行われている。

日本の草相撲の一つの頂点、唐戸山神事相撲。ひたすら相撲を愛する草相撲のおすもうさんたちが二〇〇〇年のあいだ集ってきた。相撲の伝統はここにこそあった。

8

韓国・水原《スウォン》

韓国シルムのおすもうさん

沖縄の向こうにシルムが見えた

韓国には何度も行ったことがあるし、韓国人や韓国通の友達もいる。だから「シルム」と呼ばれる朝鮮半島の相撲のことは、調べればすぐにわかるだろうと思っていた。しかし情報収集は予想外に難航した。

朝鮮半島と縁が深い知人たちに「シルム、知ってます？」と尋ねると、みな「そういえばそんな競技あるねぇ……」とはるか遠くの雲を眺めるような顔つきになり、あとは沈黙。シルムの研究論文を書いた大学の先生に問い合わせてみるも、「ぼくがシルムの調査をしたのは二〇年以上前の話で、最近の動向はまったくわかりません」と申し訳なさそうにおっしゃる。かつては試合がテレビ中継されてスター選手が大勢いたシルムも、昨今は人気に翳りを見せているとの噂も聞いた。ならばと朝鮮半島出身者のお祭りや朝鮮高校の文化祭に出かけてみたが、有益な情報には巡り合えず。ちなみに東京の朝鮮高校には、テコンドー部とボクシング部と空手部はあるがシルム部はない。

うーん、シルムはいずこ。

その局面を打開したのは、意外にも沖縄・久米島のおすもうさんだった。久米島で沖縄角力の取材をしているとき、「韓国に行って相撲を取った」というエピソードが飛び出したのだ。

「えっ、韓国⁉　シルムですか？」

身を乗り出すわたしに、その場にいた角力経験者が「そうそう」と一斉にうなずいた。なんでも沖縄角力と韓国シルムは長年、交流を続けてきたらしい。

「あっちでは、優勝したら牛一頭もらえるさ」

「徴兵上がりの選手はみんな礼儀正しくてね」

「三年前もシルムの選手たち、久米島に来たよう」

そうだったのか！

わたしは久米島人脈を駆使して、沖縄角力協会から資料を入手。さらに長年沖縄と韓国の文化交流に尽力してきた八幡昇《はちまんのぼる》さん（沖縄県与那原町《よなばる》）を訪ねて話を聞き、沖縄角力とシルムの興味深い関係を知ることとなった。

戦後の日韓おすもう交流史は、一九七〇年頃に端を発する。もともとは日本のアマチュア相撲と韓国のシルムの交流が検討され、実際に競技も行われたらしい。目指すは日韓友好とお互いの技術向上。ところが、日本相撲と韓国シルムでは、取り口もルールも違いすぎる。シルムには立ち合いがない（組んだ姿勢から始める）し、押し出しや寄り切りがない（相手を土俵の外に出しても勝ちにならない）。おそらく、胸を合わせた日韓のおすもうさんたちは苦笑してしまったんじゃないかと思う。「……これじゃあ、お互い技術の向上にはならないね」と。そのとき、アマチュア相撲の第一人者だった滝沢寿雄《たきざわとしお》さん（当時の日本相撲連盟会長にして明治大学相撲部監督）が言った。

「日本相撲より沖縄角力のほうがシルムに似ている。シルムの選手と沖縄の力士で交流したらどうだろう?」

折しも一九七五年、沖縄の本土復帰を記念して沖縄国際海洋博覧会が開かれた。そこにシルムの選手を招いて、史上初めてシルムと沖縄角力の試合が行われたのだった。

たしかに沖縄角力とシルムには類似点が多い。体を合わせ相手の帯をつかんで始めるところ、土俵から出ても負けにならないところ、三本勝負で行うところ。ただし相手の両肩を地面につけないと勝ちにならない沖縄角力に対して、シルムは相手の膝から上を地面につければ勝ちとなる。帯の巻き方も少し異なっていて、シルムの場合は腰まわりだけでなく右足のつけ根にも巻きつける。多少の違いはあるものの、両者は技を学び合うことができそうだった。

なによりも、国境を越えておすもうで交流できるなんて楽しい! そんなわけで翌七六年に今度は韓国で試合が開催され、七七年からは正式に競技大会が開かれることになった。記念すべき第一回大会の開催地は久米島。以来、二年に一度のペースで(最近はもう少し間隔が空くようだが)開催地を交代で用意しながら大会が行われてきた。団体戦と個人戦の両方があり、まずはシルムで戦い、次に沖縄角力で戦うのだとか。

「ときどきシルムで日本人が勝ったり、逆に沖縄角力で韓国人が勝つこともあるんですよ。そうすると盛り上がるよね」

八幡さんはうれしそうに語る。

じつは、沖縄と韓国の結びつきはおすもうに限らない。昔から沖縄のお祭りでは綱引きが盛んだが、それは韓国のお祭りも同じ。八幡さんの地元・与那原の綱引き大会に韓国の人を招待したこともあるという。また舞踊や民謡の交流も三、四〇年前からある。

「当時、韓国では日本の音楽を流すことが禁じられていたけど、沖縄の民謡歌手は受け入れてもらえたんですよ」

という話が興味深かった。

「大阪の大正区や横浜の鶴見区はうちなんちゅ(沖縄出身者)が多いでしょう。その周辺には在日の人(在日韓国・朝鮮人)もたくさん住んでいるからね。そういうことも関係あるのかなと思いますけどね」

八幡さんは琉球瓦の工場を営んでいる。お訪ねした事務所の窓の外には赤い瓦がたくさん積まれており、それは沖縄の青い空によく映えた。この空は韓国の空とつながっているんだなぁ。

八幡さんは名刺の束を繰って、中の一枚を取り出した。

「シルムのことが知りたいなら、韓国の水原《スウォン》に行ってこの人に会うといいですよ」

そこには「崔永和 CHOI YOUNG HWA」と刷られていた。

韓国・水原でおすもうさんに会う

ソウルから電車で一時間、水原市北部にある光教《クワンギョ》（京畿大《キョンギ》）駅は白っぽい夏の日差しに包まれていた。駅前の大通りは閑散として、近くに高速道路と団地群が見える。きょろきょろしていると、目の前に大きな車がズン！と止まり、運転席から大柄なおじさんがズズン！と降りてきた。それが崔永和《チェヨンファ》さんだった。

「崔さん、こんにちは」

「おー、ようこそようこそ」

機嫌のよい握手。手のひらも分厚くて大きい。通訳のソッキさんと一緒に高級車の革張りシートに乗り込む。車は京畿大学の校門をくぐると、キャンパスの坂を上がっていった。

かつてシルムの有力選手だった崔さんは現在七四歳。引退後は指導者としてシルムの発展に尽くしてきた。その集大成が京畿大学シルム部だ。崔さんは一〇年かけて大学にシルム部を創設し、強い選手を呼び集め、名門チームに育て上げた。

「まずはここを見てもらわないと」

そう言って崔さんが車を止めたのは、シルムの大会で使われるアリーナ。総工費約八〇億ウォン（七億五〇〇〇万円）をかけて二年前に完成したそれは、広いキャンパスを見下ろす高台に建っていた。中に入ると四方をすり鉢状の観客席がぐるりと囲んでいる。美しい木材が敷かれた床。スイッチを押すとモーターが稼動し、そこに直径八メートルの土俵が出現する。すごいなー、ハイテクだー、お金かかってるー！　施設内には立派なトレーニングルームが完備し、隣接して平屋のシルム練習場もある。

「ぼくが現役の頃は河川敷とか海辺とか、ソウルにある南山《ナムサン》っていう丘の芝生の上なんかで練習していたんですよ。ぼくがコーチになってから、選手たちをちゃんとした場所で練習させてやりたいと思ってね、私費を投じて練習場を建てたこともあった。この施設は県に予算をつけてもらってつくったんですよ。完成までいろんなことがあって大変だったけど、無事にできてよかった」

崔さんは大きな胸を張ってほほえんだ。

「ちょうど男子の練習をやっているから見てみますか」

「はい！」

崔さんの後ろからそーっと練習場に足を踏み入れると、上半身は裸で下はスパッツにサッパ（まわし）姿の男子が躍動していた。おぉ、これが韓国のおすもうさんかぁ！　全部で二〇人ほど。京畿大シルム部の選手と地元の実業団・水原市庁チームの面々だという。床一面に砂が敷き詰められた広い空間のそこここで、二人一組になって実戦形式の稽古をしている。

まずは向き合って膝をつき、互いのサッパをつかみ、立ち上がって試合開始。相手の足を取ったり腕力で引き倒す「手技」、外掛けや内掛けといった「足技」、腰をひねって相手を転がす「腰技」など、シルムの技は多彩だ。一番豪快なのは、相手の懐に潜り込んで下から持ち上げて仰向けにひっくり返す「ジャバンドゥイチップキ」という決まり手。滅多に出ない大技だが「シルムの華」と呼ばれているらしい。

練習場の隅に、赤と青のサッパが何本も干してあった。日本の大学の相撲部を訪ねたとき、道場の壁際に白いまわしがびらびらと干されていた風景が蘇る。

天下壮士に独占インタビュー!

「あれが天下壮士《チョナジャンサ》ですよ。イルボン(日本)でいうとヨコヅナ」

と、崔さんがひときわ大きな青年を指差した。大きいだけじゃなくて、均整が取れていて、ふっくら柔らかそうで、肌はもちもち美しい。うんうん、ヨコヅナってこういう感じですよねぇ。わたしは白鵬や鶴竜を眺める目つきで、天下壮士をうっとり鑑賞する。

「おーい、ちょっと来い。日本から取材に来てくれたんだ」

崔さんが声をかけると、天下壮士はニコニコと近づいてきて「おっす」って感じにちょこんと頭を下げた。

ジョン・チャンジョさんは一九九二年、韓国南部の順天《スンチョン》市で生まれた。小学六年生のとき、

「小学生シルム大会があるから出てみたら」と言われ、なんの経験もないまま出場したらいきなり優勝。それからシルムにハマって、中学、高校、大学とシルム一筋で生きてきたという。

「高校の頃は練習が苦しくて、シルムなんかもうやめちゃおうかと思ったこともあったけど……ぼくができるのは運動だけだから、ハハハ」

おおらかな笑顔を見ながら、ジョンさんの少年時代を想像する。きっと学生服も運動靴も大きかったんだろうなぁ。

「シルムは、道具を持たずに体と体でぶつかる。それがおもしろいです。道具があればできることの範囲が広がるかもしれないけど、シルムはなにも持たずに自分の力が及ぶ範囲だけで戦う。それがいいんです」

ジョンさんは大学卒業後に実業団に入り、三シーズン目の二〇一五年、ついに悲願の天下壮士に。賞金一億ウォン(約九三〇万円)と牛のトロフィーを手にした。

「今までで一番うれしかった。天下壮士になれるチャンスは一年に一度しかないから」

現在、男子シルムのプロ選手は一八〇名。体重別に四つの階級に分かれている。年に一度、すべての階級のチャンピオンの頂点を決める大会があり、そこで優勝した者に天下壮士の称号が与えられる。ジョンさんは第四九代(歴代二〇番目)の天下壮士だ。あぁ、「天下」ということばが厳かに響く。

一年前に現代《ヒュンダイ》自動車のチームから水原市庁のチームに移籍した。「ここは、シルム選手がみんな入りたいチームなんですよ」とのこと。月給四〇〇万ウォン（約三七万円）ほどをもらって、平日は五〜七時間の練習をする暮らし。年に何度か大きな大会に出場する。

「好きな食べ物はなんですか？」

「肉!!」

「体のために気をつけていることは？」

「とくにないっす。練習後は自然に眠くなるから、たくさん寝てます！」

「オフの時間にすることは？」

「音楽を聴くのが好きです。バラード系っすね」

なんて、なにを聞いても即答のジョンさんだったが、

「一番応援してくれるのは誰ですか？」

の質問には、ちょっと照れて

「家族と……それから、あの、恋人です」

と小さな声。わは、かわいい。

二七歳になるジョンさんの目下の悩みは、兵役だ。韓国ではすべての成人男子に約二年間の兵

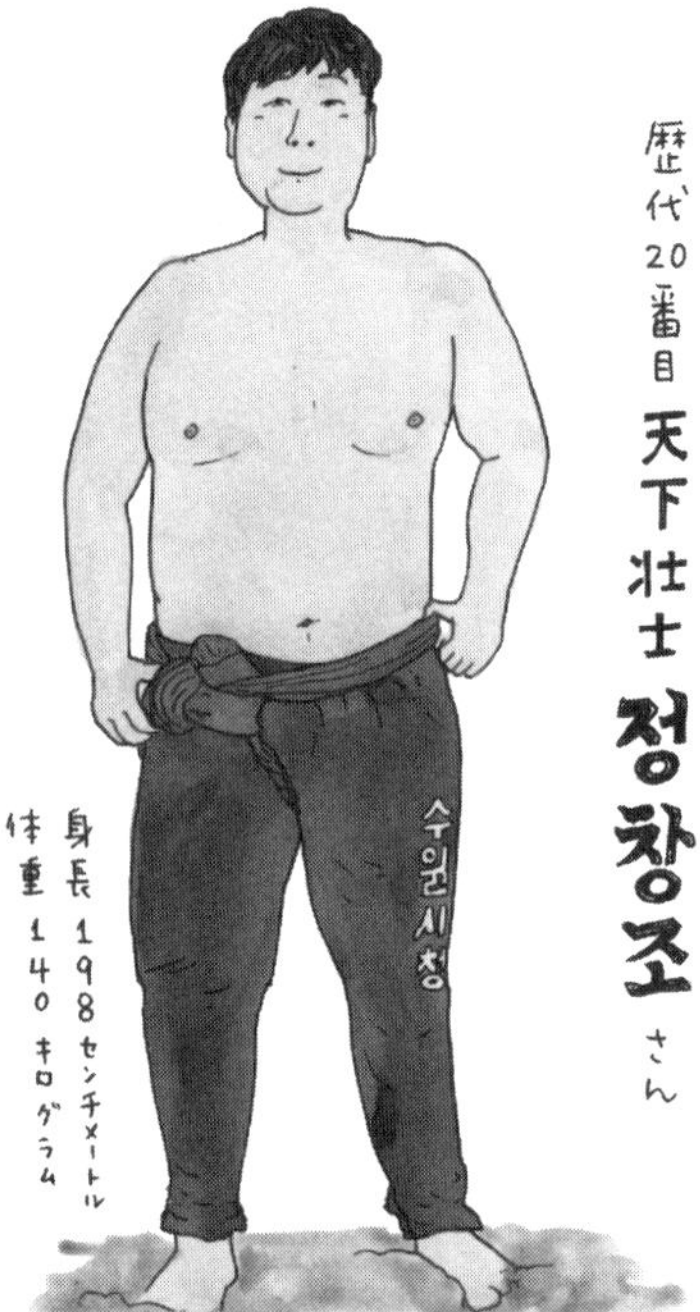

役が義務づけられており、三〇歳までには入隊しなければならない。高校卒業後や大学在学中に兵役を済ませてから就職するパターンが多いと聞くが、

「兵役、まだ行ってないんです」

とジョンさん。

「軍隊に入ると大会に出られなくなるから、延期してて。でも来年にはもう行かなきゃいけないと思っています。軍にも運動ができる部隊があって、そこに入れたらシルムの練習を続けられるかもしれないんですけど……」

限られた選手生命のうち、二年間を奪われるのは大きい。日本のおすもうさんにはない切実な悩みだ。

コーチから「全員集合」の号令がかかった。インタビューに答えてくれたことへのお礼を言うと、ジョンさんははにかんでまた頭をちょこんと下げ、のしのしとコーチのほうへ歩いていった。

崔さんが、大きくて強い赤ん坊だった頃

崔さんの部屋に場所を移して、今度はこの長老の話を聞くことにした。

崔さんはわたしと通訳のソッキさんにソファに座るよう促し、ホットコーヒーとなぜか栄養ドリンクを勧めてくれながら言った。

「今回ね、金井さん、来ないかと思った」

この頃、連日のように日韓関係の悪化が報じられていた。徴用工訴訟、軍事情報包括保護協定《ジーソミア》破棄、ホワイト国除外……そんなワードが両国のあいだを飛び交って、渡航者数が減り、不買運動が起き、交流イベントが中止されるなどの影響が出ていた。それで崔さんは、わたしがシルムの取材を取りやめる可能性を考えていたらしい。

「ぼくは四〇年前から沖縄角力の人たちと交流してきたでしょう。その間、日韓関係がよくないことは何度もあった。竹島の問題とかね。日本側から「今は微妙な時期だから、崔さん、無理に来なくてもいいですよ」なんて連絡がくることもありましたよ。ぼくはぜんぜん気にせずに沖縄に行ったけど。今回も金井さんと会う約束をしたあとで両国の関係が悪くなったからね、ひょっとしてあなたは来られなくなるんじゃないかと心配したんです」

崔さんの優しい口調が、なんだか切なかった。わたしは崔さんを正面から見据え、心を込めて言った。

「日本政府がバカなんです。ごめんなさい」

ところが、ソッキさんが訳し終わらないうちに、崔さんは首を横に振る。

「いや、日本政府は悪くない。悪いのは韓国の現政権だ！」

へ？

わたしは悟った。崔さんは保守派らしい。相手の国を悪く言い合うんじゃなくて、互いに自国の政権にムカついている分には平和だが……政治の話に踏み込むの、やめとこ。わたしはコーヒーを一口飲んで、気持ちを切り替え、崔さんの人生について尋ねた。

崔さんは一九四五年生まれ。日本だと「終戦の年」だが、韓国では「解放の年」だ。三五年間に及ぶ日本統治から解放されたその年に生まれた子どもは「ヘバントイ（解放っ子）」と呼ばれるらしい。一九五〇年生まれの弟がいて、こちらは「ユギオドンイ（ユギオっ子）」だ。朝鮮戦争のことを韓国では開戦日の六月二五日にちなんで「六二五《ユギオ》戦争」といい、その戦争が始まった年に生まれた子だから「ユギオっ子」。

生まれたのはソウルの西大門《ソデムン》。お父さんは警察官をしていて、柔道が得意だった。

「ぼくは赤ちゃんのときからヘビー級」

崔さんはそう言って笑った。大きくて元気いっぱいの赤ちゃんで、親が目を離すとどこに突進していくかわからない。心配したお母さんは、崔さんのオムツの端っこをソファに括りつけておいたとか。

「ユギオ（朝鮮戦争）……はどうでしたか？」

と聞くと、

「あぁ、あのときは、釜山を除いて国中が戦場になった」

戦争が始まったとき、崔さん一家はソウルから南に八〇キロ離れた平沢《ピョンテク》という街に住んでいた。北朝鮮軍の攻撃を避けるため、多くの市民が着の身着のまま列をなし避難していく光景を目撃したという。崔さん一家は避難しなかったが、お父さんだけさらに南の唐津《タンジン》に逃げた。日本統治時代から警察官をしていたお父さんは、北朝鮮軍の標的だったのだ。ところがお父さんは家に残した妻子が心配で、様子を見に戻ってきてしまった。

「父さんが戻ってきたことを誰かが北朝鮮軍に密告したんだ。それで北の兵隊が家にやってきて、父さんをコンクリートの床にひざまずかせて殴りつけた。それを見たぼくは、父さんの上に覆いかぶさって、守ろうとした」

「えっ、だって崔さん、そのときいくつ?」

「六歳くらいかなぁ。でもほら、ぼくは年齢の割に体が大きかったから」

どんだけ強い子なんだ、崔さん！　北朝鮮兵は六歳の子どもを容赦なく殴りつけ、崔さんは背中に傷を負ったという。お父さんは連れていかれて、さらにひどい目にあった。

「そのときから、ぼくは反共主義者です」

子どもの頃、シルムは遊びの一つだった。原っぱがあれば子どもどうしで取っ組み合い。幼い頃から大きくて力持ちだった崔さん、めっぽう強かった。小学生のシルム大会に出ると鉛筆がもらえた。中学では柔道をやったが、高校一年生のときに出場したシルム大会が運命を決めた。ソウルの中心部にあるデパートの前庭に土俵がつくられ、観客が大勢押しかける華々しい舞台。そこで崔さんは二五歳の実力者に勝ってしまったのだ。

「それで、シルムを仕事にしようと決めた」

柔道に比べて、シルムはシンプルで安全な格闘技だと崔さんは言う。

「柔道には絞め技があるし、無理な体勢をとらなきゃいけないでしょ。でもシルムは相手を転ばしたら勝ち。柔道よりシルムのほうが体にいいんですよ」

ぶん投げたり押し倒したりする荒々しい競技を「体にいい」と言うのがなんだかおかしかった。とまれ豪快な崔さんには、柔道よりシルムのほうが性に合っていたのだろう。

「柔道はオリンピック競技だから世界を目指せるなんてこと、そのときはまったく考えなかった。なにしろ、シルムは勝ったら食べ物や商品がもらえるからね、ハハ。当時のぼくにとってはそっちのほうが魅力的だった」

朝鮮戦争で壊滅的打撃を受けた韓国は、一九六〇年代前半までとても貧しかった。「漢江《ハンガン》の奇跡」と呼ばれる急激な経済復興が起こるのは、もう少し先の話。体一つで稼げるシルムは、夢を追う若者たちを惹きつけたのだった。

「あとになって、柔道部の後輩が「世界大会に行ってきます」と言って出かけていくのを見て、「おー、頑張って行ってこい」と言いながらちょっとさびしかった。シルムにも世界大会があるといいなぁと思った。だから沖縄角力との交流をとても大事に考えています」

長いあいだ、シルムは朝鮮半島でお祭りの余興や村落の娯楽として行われてきた。すでに高句《こうく》麗《り》古墳(五世紀)の壁画に、シルムらしき競技に興じる男たちが描かれている。アマチュアスポーツ組織として「大韓シルム協会」ができたのは一九四七年。そこからシルムは、娯楽性の強い「遊び」から「スポーツ」へと変貌を遂げていく。八〇年代にはプロリーグが誕生し、昨今では世界各地に指導者を派遣して選手の育成も行っている。崔さんがシルムの選手として生きたのは、一九六〇年代初頭から七〇年代半ば。ちょうどシルムの過渡期だった。

「一七歳から二三歳(韓国では数え年を使う。満年齢では一六歳から二二歳)ですね。まぁ、あっという間でしたね。勝ったり負けたり」

「優勝して牛一頭もらったこともありますか?」

「ありますよ。何度も」

「牛、もらってどうするんですか?」

「大会に牛を引き取ってくれる人……あれは精肉業者なのかな、来てるからね、その場で牛をお金に換えるんです」

そりゃそうか。勝ったおすもうさんが自ら牛を引いて帰るわけではないのであった。

「シルム大会の一等の商品は牛一頭で、二等は米一〇俵、三等は米五俵とかね、そんな時代でした」

崔さんは懐かしそうに笑う。古きよきシルムの風景。ほっこりした気分で聞いていたら、いきなりきな臭い話になった。

「二〇代の頃ベトナム戦争に従軍してね、あっちでもシルムをしました」

「えっ。ベトナム戦争⁉︎」

ベトナム戦争とおすもうさん

一九六八年、崔さんは身長一八七センチ、体重九五キロの巨軀を軍服に包むことになる。二三歳だった。

「志願したんですよ」

崔さんは、静かに言った。

「ぼくには反共の思いがありましたから」

あぁ、そうか。朝鮮戦争のとき、崔さんは反共主義者になったのだ。祖国・朝鮮半島に続いて、ベトナムも南北に分断されようとしていた時期、崔さんは銃を取ったのだった。一九六五年から七三年にかけて、韓国軍は三一万人を超す兵隊をベトナムに送り込んだ。

「ぼくは猛虎部隊に入っていました」

その単語を聞いてわたしは、かつて読んだベトナム戦争と韓国兵について書かれた本を思い出した。たしか韓国軍の部隊には青龍、白馬、猛虎などの勇ましい名前がついていたんだった。たしかアメリカから巨額の金が韓国政府に渡ることもあって、兵士たちの多くは愛国心を抱いて出兵したんだった。そしてたしか、現地住民に対する残虐な行為も……。わたしは少し緊張しながら耳をそばだてた。

「サイゴンからキュノンへ行って……」

崔さんは頭の中の地図をなぞるように指を動かした。キュノンと聞こえた地名は、おそらくクイニョンのことだろう。

「クモン峠という危険な峠があって、韓国軍がそこを越えるとき、敵からよく襲撃された。ぼくの隊がクモン峠を通ったときも銃声がして、「車から降りてタイヤの後ろに隠れろ！」と命じられた。あぁ、こうやって死ぬんだな、命は儚《はかな》いものだな、と思いました」

「明け方に交戦があり、同じ部隊の足をなくした兵士を運びました。そのときが一番つらかった。そういう経験が二回くらいあった」

「ぼくは情報を扱う部署にいたから、現地のベトナム人から情報をもらって、お礼にお米をあげたりもしました。でも彼らは敵側にも情報を提供している。それもわかっていて、こちらからわざと嘘の情報を流すこともあったよ」

「いつも緊張状態にありました。防弾チョッキを身につけて」

崔さんは半世紀以上前のことをよく覚えていて、エピソードはどれも生々しかった。それが戦争というものなのだ。

資料によって誤差があるが、ベトナム戦争で戦死した韓国兵は五〇〇〇人前後。韓国軍が殺害した敵兵は四万人以上とされている。さらにベトナム政府は「不完全な統計」の但し書きをつけて、犠牲になった民間人を五〇〇〇人以上と発表している。実際にはもっと多くの民間人が理不尽に命を奪われたともいう。

語る崔さんも、通訳するソッキさんも、聞くわたしも、等しく重苦しかった。だけど、ある瞬間、場の空気はパッと変わった。

「そうそう、シルムの話だったね!」

崔さんは急に弾んだ声を出した。

「トゥスタ(two stars:二つ星=少将)にユン・ピルヨンという人がいて、ぼくはその人の警護を担当したんです。シルムが好きな人でねぇ。それで軍の中でシルムの大会をしようってことになったんです」

力自慢が七〇人ほど集まって、団体戦と個人戦が行われた。団体戦のほうは、猛虎部隊の中に小さい編隊がいくつもあったので、その編隊ごとにチームを組んだ。個人戦は体重別に階級を分けず、全員でトーナメントにしたらしい。

「兵士たちは韓国全土から来ていたからね、さながらシルムの全国大会のようだったよ」

崔さんは懐かしそうにうれしそうに語る。それもそのはず、プロのシルム選手だった崔さんはその日、部隊のヒーローになった。

「個人戦で勝った人は景品がもらえました。抱えるほどの大きな箱にティッシュペーパーやビスケット、ジャム、軍用時計などが入ったもの。ぼくは何

崔永和さん
ベトナムにて。

度も勝ったから、それを五〇箱くらいせしめた！」

いくらなんでもせしめすぎだろうと思ったが、兵士たちが「ふつうの若者」に戻ってはしゃいだ時間を想像するとホッとする。みんな窮屈な軍靴を脱ぎ捨てて、裸足でジャングルに設けた土俵を踏み締めた。温もりと弾力のある、生きている肉体を互いに感じ合った。「おすもうさん」でいる束の間、崔さんは戦争の重圧から解放されたのだった。

引退後もシルムのために東奔西走

二年に及ぶベトナムでの軍隊生活を終えて、崔さんはまたシルムの選手に戻った。

「戦争に行ったブランクはとくに感じなかったよ。帰国してからすぐに出た大会でも勝ったから」

「強かったんですねぇ。得意技はなんですか」

「バッタリゴルギ。ぼくは背が高いほうだったからこの技が有利なんです。ええとね、相手の体を持ち上げて投げる技でね……」

と言いながら崔さんは少し腰を浮かした。すかさずわたしもソファから立ち上がる。

「わはは、やってみますか」

「お願いします！」

応接セットの横でわたしたちは組み合った。ソッキさんが「真紀さん、頑張れー」と声援を送ってくれる。七〇を過ぎて病気をしてずいぶん体が小さくなりました、と言う崔さんだが、組めば腰はがっしり、腕は太く長く、手のひらは大きい。身体からパワーが伝わってきた。「こうして上から押さえて、ほら、こちらの足をかけてみなさい」などと指導されたけど、なんだかよくわからないままに優しく倒されて、大笑いで終わった。

「いつ引退したんですか」

と尋ねると、

「引退したのは一九七四年、いや七五年、あれ七六年だったかも。とにかくそのへんです」

なんとも大雑把な答え。崔さんの記憶では、現役引退と結婚は同じ年の出来事だという。最後の大会で額を擦りむいて、その傷が消えないうちに結婚式を迎えたんだから間違いない、と言いながら携帯電話を取り出して自宅に電話した。

「ヨボセヨ(もしもし)、おれたち何年に結婚したっけ?」

引退と結婚は一九七六年、数えで三三歳のときだったことが判明した。引退の数週間後に挙式した相手は、看護師さんだった。「アキレス腱を切って入院していたとき知り合ったんだ。退屈だから病院の中にあった卓球場を覗いたら若い女性がいてね、卓球を教えてあげたんです。そのときは彼女が看護師だとは知らなかった。あとからわかって、つき合うようになった」という馴れ初めだ。出してきてくれたアルバムの結婚式の写真には、なるほど、額に傷がある崔さんが写っていた。

アルバムには、現役最後の大会の新聞記事の切り抜きも挟まっていた。

「第四回〝セマウル〟市・道対抗シルム大会、個人戦では崔永和が名誉の優勝」とある。セマウル運動は、七〇年代に朴正熙《パクチョンヒ》大統領が大々的に推し進めた農村の改革運動。セマウル金庫とか特急セマウル号とか、いろんなものに運動の名が冠されたが、シルム大会の名前にもなっていたんだなぁ。

最後の大会でも優勝するほど強かった崔さん。衰えを感じる前に引退するのは惜しくなかったのだろうか。

「すでに中学校でコーチをしていたからね、これからは指導者として頑張っていこうと決めていました」

そのことば通り、崔さんは息つく暇なく指導者としての闘いに挑んでいく。「スポーツ選手は、体は頑丈だけど頭は空っぽ」という固定観念を破りたいと思って大学に通って論文を書き、シルム界で初めて第一級競技指導者に認定された（競技指導者は国の資格で、一級を取得できる人はそう多くない）。大学にシルム部をつくるために奔走し、強い選手をスカウトし、さらには最新鋭のアリーナ建設に情熱を傾けた。

「選手のときは教えてもらったことをやるだけだった。指導者になって初めて見えてきたことがいろいろありました」

中でも崔さんの人生を豊かにしたのが、沖縄角力との交流だったという。沖縄のおすもうさんとのつき合いはすでに四〇年近く続いている。

「今はぼくより年上の人は少なくなってしまったけど、昔は兄貴分みたいな人がたくさんいてねぇ、いろんなことを教えてもらいました。最近は若い友人も増えて、しょっちゅう行き来していますよ」

沖縄の友人が入院したと聞けばお見舞いに行き、息子が結婚するとなれば招待される、という関係らしい。糸満市の摩文仁《まぶに》の丘には沖縄戦で亡くなった朝鮮半島出身者の慰霊塔がある。毎年一〇月、そこで開かれる慰霊祭に崔さんはほぼ欠かさず参列している。

「あそこで眠っている人たちは、自分のお父さんみたいに思えるんですよ。うちの父も日本統治時代の警察官だったわけだし……」

シルムに女子選手がいた！

最近のシルム事情をあれこれ話している中で崔さんが、「ぼくの後輩で女子チームの監督をしているやつがいるんだけど」みたいなことをサラリと言った。

「え？　女子のシルム選手もいるんですか？」

「いますよ」

「プロの？」

「そうですよ」

わたしは仰天した。す、すごい！　韓国にはおすもうさんを職業にしている女性がいるのか！　俄然そわそわし出したわたしに崔さんは優しく言った。

「女子選手に会いたいですか？」

「はい‼」

崔さんはその場で女子チームの監督をしている後輩に電話をして、翌日に取材できるよう段取りをつけてくれた。「隣町の安山《アンサン》市庁のチームです。ぼくが車で連れていってあげますよ」と、なにからなにまで崔さんのお世話になる。ありがたい。

翌日また京畿大駅で待ち合わせをして、通訳のソッキさんにも来てもらい、崔さんの高級車で安山市を目指した。高速道路を使って三〇～四〇分の道のり。

安山市はもともと海辺の農村だったが、八〇年代以降に工業地帯として大きく発展した。現在は、韓国で一番外国人労働者が多い市として知られている。無料の語学学校が開設されていたり、医療相談が多言語対応になっていたり、行政による多文化共生のためのシステムづくりがかなり進んでいるとか。

高速を降りて、にぎやかな街道をゆく。小さな商店、大型スーパー、バス停、下校途中の子どもたち……。車窓を流れる風景に見とれていると、崔さんが道端に車を止めた。「ちょっと待ってて」と言い残して姿を消し、五分後に重そうな箱を抱えて戻ってきた。瓶入りの栄養ドリンクがどっさり。そういえば崔さんの部屋でも栄養ドリンクを振る舞われた。シルムの世界では、差し入れといえば栄養ドリンクなのだ。

表通りから少し入った場所に、シルム練習場があった。扉を開けると、ちょうど三人の女子選手が練習を終えるところだった。お揃いのピンクのウェアに身を包んだ三人が、崔さんの姿を見つけてニコニコ顔で寄ってくる。

「いらっしゃいませー」

「おう。みんな頑張ってるか」

「はーい、頑張ってまーす」

まるで大好きなおじいちゃんが訪ねてきたときの孫娘たちみたいな雰囲気。監督やコーチは男性だから目上の崔さんに対してビシッとした態度で接しているが、女子選手たちは崔さんを「ハラボジ(おじいさん)」と呼んで、敬意を込めつつ甘えているようだ。崔さんも相好を崩して、

「はい、これお土産」

と栄養ドリンクの箱を手渡している。

ジョ・キョンドック監督に挨拶をして、取材の趣旨を伝えると「彼女たちに話を聞きたいなら、この場で短く済ませてもらえるとありがたいです」と言う。契約上、練習が終わってから選手を拘束することはできないらしい。監督もチームスタッフも、選手を尊重しているのが伝わってくる。わたしとソッキさんは砂が敷かれた練習場の隅で、大急ぎでインタビューすることにした。

「長くならないように気をつけるから、一人ずつお話を聞かせてもらえますか」と頼むと、三人

は「いいですよー」「日本の記者さんにインタビューされるなんてうれしいねー」「ねー」と朗らかに言う。

強さってなんだろう──女子シルム選手のインタビュー

現在、韓国にいるプロのシルム選手は男子が一八〇名、女子が六〇名。女子は体重別に三つの階級に分かれており、六〇キロ以下のチャンピオンには「梅花壮士《メファジャンサ》」、七〇キロ以下には「菊花壮士《クッカジャンサ》」、八〇キロ以下には「無窮花壮士《ムグンファジャンサ》」の称号が与えられる。無窮花はむくげ、韓国を象徴する花だ。

安山市庁チームに女子部ができたのは二〇一八年。それぞれの階級の有力選手を一人ずつスカウトしてきて、部員三人でスタートした。

最初に話を聞かせてくれたのは「梅花壮士」のイ・ヨヌさん、二九歳。一緒に写真を撮りましょうとわたしの肩を抱き、お茶目なポーズを決めてくれた。全身から人懐こい、屈託のない雰囲気がにじみ出ていて、そばにいるだけでうれしくなる人だ。

シルムを始めたのは高校生のとき。ボクシングをやっていた父親に勧められてシルムの大会に出たらおもしろくて、一気にハマったという。

「私、もとは弱気なタイプだったんです。でも、自分より大きな人を倒すことで自信がついてきて。シルムをやって性格が変わりました」

本格的にシルムに打ち込もうと、龍仁大《ヨンイン》の格闘技指導学科に進学した。龍仁大は前身が柔道学校だったこともあり、韓国でも指折りの武道が盛んな学校だ。でもシルム部には男子学生しかいなくて、イさんは唯一の女子部員だったとか。

「男子はみんな経験者で、姿勢もしっかりしていて、彼らと一緒に練習するとすごく勉強になりました。でも男性と組み合うわけなので、胸が当たるとお互いにちょっと困る……」

女子一人では団体戦には出られないので、龍仁市のチームに混ぜてもらって大会に出ていたという。卒業後に実業団からスカウトされ、プロ選手に。

「お金をもらいながら好きなことが続けられるから、すごく幸せ。迷わずこの道を選んだし、迷わず続けています。よその国では、女子選手は別の仕事をしながら相撲を続けているらしいから、自分はラッキーだと思っています」

たぶん女性がプロのおすもうさんになれる国は、世界でも韓国だけだろう。イさんはそのことをちゃんと意識していた。

練習は一日六〜七時間。二九歳になって肉体のピークは過ぎたかもしれないが、まだまだ「力」を維持して戦っていくつもりだという。「力」とはなにかと問うと、

「たとえば母親も、もともと強いわけじゃなくて、子どもを育てるうちに強くなっていくでしょう。シルムの選手も同じだと思うんです。続けていくうちに内面的に強くなる。それが「力」です」

通訳のソッキさんが「すてきな考え方だねぇ」と日本語でつぶやく。ほんとにすてきだ。強いから続けるんじゃない、続けていくから強くなれるんだ。そのフレーズを噛み締めていると、イさんは冗談ぽく言い添えた。

「女子選手は老後に不安があるんですよ。だから勝てるうちにどんどん勝っておかないとね」

多くの女子選手は結婚、出産を機に引退する。女性が引退後に指導者になる例は今のところほとんどないらしい。

「私も妊娠するまではやるって決めています。今は結婚の予定もないし、恋人もいないから、好きなシルムにもう少し打ち込むつもり。ほかに好きなものが思いつかないくらい、シルムが好きなんです」

そう言ってから、「あ」と思い出したように言った。

「ほかに好きなもの、ありました。東野圭吾の小説が好きです。ふふふ」

二人目は七〇キロ以下のクラスで活躍するキム・ダへさん、二九歳。はつらつとアクティブな雰囲気をまとっている。

「私、スポーツ全般が好きなんです」

きっと運動会とか球技大会とかで活躍する人気者だったんだろう。丸いほっぺにも筋肉質な腕や足にも元気がみなぎっている。

仁川《インチョン》の出身。高校二年生のときに、テコンドーの先生から「シルムやってみるか」と声をかけられて大会に出たのがきっかけだという。

「大学でもシルム部に入ったけど、一回優勝してそのあとは成績が出なかったんです。で、もうちょっとやってみよう、もうちょっとだけ……と思いながら練習して今に至るって感じです」

そういうふうに競技を続けていくパターンもあるんだなぁ。結局、敵は他者じゃなくて自分。自身との対話を積み上げていくしかない。

映画が好きで、ハリウッド映画も韓国映画もしょっちゅう見にいくらしい。

「アクション映画が好きです。あとハンサムな俳優が好き、ふふ。キム・ウビンのファンです。元気になってほしいです」

癌で闘病中の若手俳優の名前を挙げて、キムさんははにかんだ。

三人目は、重量級で圧倒的な強さを誇るチェ・ヒファさん。済州島《チェジュ》の出身で、現在二八歳だ。

「私は一〇歳から柔道をしていました」

おっとりした口調で語り出す。名門・龍仁大の柔道部に進学したが

腰を痛めてスランプに陥り、二三歳でシルムに転向したという。

「長い攻防がある柔道に比べると、シルムは短時間で勝負が決まる。その分、緊張感があって好きです」

集中力を高めるために、ときどき魚釣りをするという話がおもしろかった。

「私、試合の前に気持ちが不安定になるタイプだったんです。あるとき、監督が「一緒に釣りに行くか」って誘ってくれて。監督は川釣りが大好きなんですよ。初めて釣りをしたときすごく楽しくて、自分に合っている気がしました。釣り糸を垂らして待っているあいだに考えが整理できて、不安な気持ちが消えていくんです」

料理も好きで、外で食べておいしかったものはレシピを見てなんでもつくるという。釣りとか料理とか、シルムと違うことをしながら結局シルムについて考えている。仕事って、そういうものかもしれない。

チェさんは去年、大会に一〇回出場して、八回優勝した。ぶっちぎりの強さだ。月収は三〇〇万ウォン（約二八万円）ほど。あと一〇年は現役でいたいです、とおだやかに語る。

「好きなことばはなんですか？」

と質問したら、少し考えて、

「アニメの「クレヨンしんちゃん」のオープニングテーマに「許すことができる人が一番強い

人だ」というフレーズがあって、それが好きです」と答えた。そうか、そうきたか。許すことができる人か。しばらく余韻が残った。

最後にジョ・キョンドック監督にも話を聞いた。

二〇〇六年に男子チームの監督に就任して、一八年に女子チームができるとそちらも指導することになったとか。

「男子と違って女子選手は繊細ですから、気を遣いますよ。誰か一人だけを練習させたら、ほかの選手がやきもちを焼いたりするからね。女心はむずかしいよねぇ」

くだけた口ぶりながら、「うちの娘たち」を大事に大事に育てているという気概が伝わってくる。

「#Me Too 運動があって、指導方法も少し変わりました」

という話も興味深かった。一七年秋にアメリカで始まったセクシャル・ハラスメントの告発運動は韓国社会でも広がりを見せた。政界、文壇、芸能界などと並んでスポーツ界でもセクハラが問題視され、女性アスリートへの配慮が改めて検討されたらしい。

「とくにシルムの練習は女性の体に触れるわけだから気をつけないとね。「今、いいですか?」と確認するのがルールです。許しを得ないでつかんだり、選手が拒否感を持っているのに組むとセクハラになる。「今、いいですか?」とはじめに聞いて、「これで終わります」と最後に言う。

現在、シルムのチャンピオンには牛のトロフィーが贈られる。

そうやってけじめをつけて練習しています。新しい選手が入ったときには、とくに気をつけてあげないとね」

監督の丁寧な説明に感じ入る。こうしてルール化されているだけで、女子選手たちはずいぶん安心できるだろう。基本給や勝利給のシステムも男女で差はないらしい。

最後に聞いてみた。

「あのう、外国人でもシルム選手になれますか?」

「これまでそういう事例はなかったけど……でもビザの問題がクリアできるんなら、外国人選手が来てくれてもいいよねぇ。日本にシルムをやりたい女の子いるかな」

日本の大相撲にモンゴルやジョージアから青年がやってくるように、いつか韓国のシルムに強くてかっこいい女性が世界中から集結する日がくるかもしれない。なーんて妄想しながら練習場を辞した。

車に乗り込むと、運転席の崔さんが後部座席を振り返って言った。

「さて、水原に戻りましょう。このあと時間ありますか? 水原の焼肉を食べさせたいんだ」

「わぁ、ぜひ!」

崔さんはグイン! とアクセルを踏み込み、わたしたちは肉に向かって走り出した。シルムの一等賞の景品は牛一頭だー!

9

大阪・大浜公園

世界から来たおすもうさん

台風一過の大阪へ

人はいつから相撲を取るようになったんだろう。

あらゆる文明のふるさと、チグリス・ユーフラテス川下流地方に起こった古代帝国・バビロニアの古都カファジェ古蹟からは、紀元前三〇〇〇年頃のものとされる、ふんどしを巻いた二人ががっぷり四つに組んだ青銅器の置物が発掘されている。年のはじめ、相撲に勝った男が、豊穣を祈る聖婚の儀式で男神役となったそうだ。男はどんな風に相撲を覚えたのか。勝つことは名誉なことだったのか。そもそも名誉という概念はあったのか。

さらにエジプトのバケトⅢ世の岩窟墓には、壁一面にどう見ても「白いまわし」にしか見えない布を腰に巻き、相撲四八手、いや、それをはるかに上回る数々の決まり手の、相撲を取る人の姿が描かれている。こちらも紀元前二〇〇〇年の頃のもので、どんな人がなんのために取っていたのだろうかと想像がふくらむ。

それから相撲は大陸を越えて放浪し、各地へと渡った。農耕文化の儀礼的要素としての相撲と、遊牧騎馬民族の服属儀礼的要素を持った相撲とにそれぞれ発展した。日本は前者で、よく知られるモンゴルは後者だ。

そうして五〇〇〇年。今、人は相撲が好きで、相撲を取る。二〇一九年一〇月一三日に世界のおすもうさんが大阪・堺市の「大浜公園相撲場」に集まった。「第二三回世界相撲選手権大会」が行われたのだ。参加したのは世界三一の国と地域。アルゼンチン、オーストラリア、ブラジル、ブルガリア、台湾、エジプト、エストニア、フィンランド、ジョージア、ドイツ、イギリス、香港、ハンガリー、インド、イラン、イタリア、カザフスタン、キルギス、モンゴル、ノルウェー、パキスタン、ポーランド、ポルトガル、ルーマニア、ロシア、スリランカ、タジキスタン、タイ、ウクライナ、アメリカ、日本。

興味深いのは、世界のさまざまな地域の人たちが、「日本の相撲」という一つの相撲スタイルに則って戦うことだ。それぞれの国の相撲スタイルではない。一体どうして？

そんなことを知りたくて、私はこの日、大阪へ向かった。

「大阪へ向かった」。書けばたった七文字だけど、いやいやこれが大変だった。二〇一九年一〇月一二日。過去最強クラスと言われた台風が上陸した。東京都内の在来線は止まり、新幹線は計画運休。私はその二日も前から「どうしよう？　いつ行けばいい？　そもそも大会はあるのか？」と迷って焦って結局どうにもできず、一三日の朝六時、「新幹線は動いている」と聞いて自転車で猛ダッシュ。最寄りのJR駅に行くも在来線は運休のまま。「新幹線はJR東海。うちは関係ない」と冷たくあしらわれ、また自転車に乗って地下鉄の駅に行った。するとここで「一五分待ってくれたら絶対に動く」と駅員さんにキリリッと断言され、待ったら本当に動いて、東京駅へ行けることになった。途中「私も行ってもいいですか？」と金井真紀さんがうれしいメールをくれて合流。「いくぞお！」「おおっ！」と歓喜の雄叫びをあげて一路、大阪へ向かったのだった。

会場の大浜公園相撲場に着くと、そこはカオスだった。本来なら一二、一三日の二日間にわたって行われるはずの「世界選手権」。それが台風のせいで一日に短縮され、メインの土俵のほか、外の土俵も二か所使ってあっちでもこっちでも相撲が取られている。世界三一か国の選手がおのおののことばを話してその音がグオーンと渦巻き、さまざまな匂いがぐるぐるし、目の前にはいろいろな色の肌が行き交う。男も、女もいる。若い人も、年配の人もいる。ただ一つ同じなのは、みんな「まわし」を巻いていることだ。

一体どうしてモンゴル式でもセネガル式でもなく、日本式の相撲なんだろう？　世界が丸い土俵で相撲を取るのはなぜだろう。

その答えを探すためにも、私と金井さんはこの日、三木裕賀子《みきゆかこ》さんに英語通訳をお願いして、片っ端から各国の選手に話を聞くことにした。

まず、つかまえたのはインド・チーム。インドで相撲なんてやるの？　ねえ、そう思うでしょう。私もそう思ってあらかじめインド・チームには世界選手権事務局を通じて取材のお願いをしてあった。話をしてくれたのはサスワデ・マヘジ・ラムラオ君(二二歳)。スリムでシュッとして、今どきのインドの子……って、今どきのインドの子がどんな子かはわからないが、そういう印象の子だ。

「僕は一八歳から相撲をやっています。兄が相撲をやっていて、その影響です。兄は世界選手権で二回メダルを獲りました。街にアカラがあり、そこで練習を毎日します。相撲はインドでは盛んで、レスリングも盛んで、僕もフリースタイル・レスリングの練習をしてから、相撲の練習をするんです。フリースタイル・レスリングと韓国のシルムが合体したようなものがクシュティだから、韓国のシルムも好きです」

いきなり濃い話が出てきた。「クシュティ」とは紀元前五世紀頃に相撲がイラクからインドに伝達し、在来の格闘技と結びついてできた伝統相撲で、インドやパキスタンなどで行われている。四角い土俵のアカラに砂を敷いて行うクシュティは、日本の相撲部屋のように師匠の下に弟子たちが集まってともに暮らす風習もあって、日本の相撲との共通点を感じるが、クシュティはヒンドゥー教の神さまで、怪力を司る「ハヌマーン神」を称える。マヘジ君はアカラで毎日、相撲の練習をしているうえに、それが韓国のシルムに似ていると認識しているとは！　金井さんも「えーっ！」と声をあげ、世界の相撲はつながってる！　といきなり大興奮だ。

しかし、現代っ子のマヘジ君。私らの興奮ぶりなど涼しい顔で見て、「僕は大学でビジネスのMBAを取るために勉強中なんですよ。僕は優秀ですよ。でも、将来は強い相撲レスラーになりたいと思います。相撲チャンピオンになりたいです」と胸を張って言う。インドの自己肯定感の強い教育のすばらしさにも感動し、「突撃！　世界のおすもうさん」は上々の滑り出しだ。

マヘジ選手の横に座っていたコーチのアモル・ブチャデさんは、「この大会が終わってインドに帰ったら、相撲の宣伝をもっとしていこうと思います。日本の相撲は一五秒で決着がつく。だからおもしろいよって広めたいんです」と語ってくれた。なるほど、日本の相撲を世界の人がやるのは、そのあたりに理由があるのかもしれない。

そして、インドでは今、女子選手も多いというので「話を伺いたい」とお願いをして、呼んでもらった。やってきたのは、スリムでおとなしそうな女性。「ハロー」というと、はにかんで笑った。

「私はヴァイシュナヴィ・サンバジといいます。一八歳です。大学に通っていて、レスリングを四年やっていたんですが、去年から相撲も始めました。前の世界選手権の写真を見せてもらい、同じレスリング・センターに通う女子たちで「私たちもやってみたい」って始めたんです。相撲は一瞬で勝負が決まるところがおもしろいです。左からの上手投げが私の得意技です」

最初の印象とは違い、ハキハキと英語で話す。女子が相撲をやることには抵抗はないの？と聞くと、「女子が相撲をやること？　とくに恥ずかしいとか、そういうのはありません。レスリングと同じです。家では兄もレスリングをやるので、よく相撲の話もします。でも、母は私にとにかく「自分で食べていけるように」と言っていて、まぁ、相撲は趣味です。将来は体育の先生になりたいと思っています」と、あたりまえでしょ？という顔で言う。

「私もやってみたい」と志願し、女子が相撲をやっても恥ずかしくない！と言い切る文化がインドでは育っている。クシュティは男子だけのものだから、新たな文化だ。

続いて話を伺ったのは、通路を歩いていたドイツのアニカ・シュルツさん。目が合ってニコッとしてくれたから、ガシッとつかまえた。

「アニカ・シュルツといいます。私はブランデンブルクに住んでいます。ベルリンから六〇キロ離れています。一〇代の頃に柔道を習っていたら、相撲をやらないかとコーチに勧められて始めました。二〇〇〇年から始めて、今は三五歳です。普段は三～五歳ぐらいの子どもたちに柔道を教えています。今日は負けてしまいましたが、重量級です。柔道と相撲の文字をタトゥーしています。本当に大好きだからです」

アニカさんは「英語が苦手です」と、ゆっくり考えながら話してくれた。足にタトゥー。二〇年も続けてきた相撲と柔道が彼女のアイデンティティーになっている。団体では七位に入ったドイツ女子チームは、彼女を含め全員が三〇～四〇代のベテランたち。

「ドイツは女性が相撲人口の半数を占めます。ベテランの女性が強いです」

日本の相撲文化がドイツでは男女の垣根が完全に取り払われて花開いている。いつかドイツに行かねばならないだろう。

ドイツ出身
ユニフォームはアディダス
タトゥーがいかしてる

ブラジル日系移民のおすもうさん

世界選手権に行くなら、ブラジル・チームに是非お話を伺ってみたいと思っていた。それは日系社会の中で相撲はどんな役割を果たしてきたのかに興味があったからだ。事前に会う約束をしていたブラジル・チームをさがして行くと、監督の大瀧多喜夫《おおたききたお》さんが「こんにちは」と手を振って立ち上がった。

大瀧さんは昭和一四(一九三九)年生まれの八〇歳。「私は一九六一年から相撲をやってますよ。ほかにホビーはないから、ずっと相撲です」と笑って言いながら、まずはブラジル・チームの女性選手、アナ・クローディア・ゴメス・ソウザさんを紹介してくれた。

アナさんはサンパウロから七〇キロぐらい離れた街に住む三二歳の女性で、日系人ではない。彼女いわく、

「もともとは柔道をやっていたんですが、相撲のデモンストレーションがあるからと見にいったら女子の相撲があることを知って、おもしろいなぁと思って二〇〇二年から始めました。大相撲の魁聖《かいせい》は同じ道場で稽古していたこともあって、よく知っています」

おおっ！　まさに魁聖こそ、ブラジル日系社会の相撲を象徴する人ではないか。いきなり核心に迫るようでうれしい。

軽い気持ちで、アナさんに「相撲の魅力はなんですか？」と聞くと、大瀧さんがそれを遮るよ

うに「それはね、相撲をやると日系人社会とつながりが出て、いろいろと恩恵があるんです。学校の授業料が免除されたり」と言うのでびっくりした。ブラジル社会において、相撲は生活を助ける役割を果たしているのか！　貧富の格差が世界一激しいと言われるブラジルでは、相撲にはそうした面があり、モチベーションもまた日本とは違うのかもしれない。これこそ核心に迫ることかも。

金井さんと私が神妙な顔をしていると、「でも、それだけじゃないですよ」とアナさんが続けた。

「小中学校時代はいじめがひどかったんですが、相撲をやることで強い人と思われ、いじめられなくなりました。今は市の職員として子どもたちに柔道と相撲を教えていますが、子どもたちには対戦相手をリスペクトするよう、教えています」

ブラジル社会において、相撲は身心両面での生きる術になっているんだな。

そして、大瀧さんの話が始まった。

「私がブラジルに移民したのは一九六一年で、その頃すでにブラジルでは半プロみたいな相撲をやっていました。四股名をつけたり、行司も装束を着たりしてね。日系人の住んでいる町は、みんなそうして相撲をやっていましたよ」

やはり、そうか。じつはハワイの日系社会でも大相撲を真似て、相撲文化を独自に展開していたと読んだことがある。昔は相撲部屋や、相撲部屋にもなっていない相撲真似部屋みたいな集団が海外へ巡業に行き、途中でお金がなくなるなどさまざまな理由で現地にとどまり、見世物小屋のようにして相撲を見せていた。中には人気力士も生まれたりしていたそうだが、ブラジルも同じだった。

大瀧さんは移住してすぐの頃、そうした相撲大会に「出てみないか？」と誘われて参加し、いきなり優勝したらしい。

「柔道はやっていたんだけど、相撲はほとんど経験がなかった。でも、優勝して、それからは相撲を一生懸命やりました。なにせ相撲が強いと、女の子たちが騒いでくれてね。土曜日になると、わんさと家まで押しかけてくるから、スイカをお土産に持たせてましたよ。わっははは」

大瀧多喜夫さん

1961年にブラジルに渡った

戦争孤児からブラジルへ

なにやらモテモテの大瀧さんだが、そもそも、どうしてブラジルに移民したんだろう。

「私はね、生まれは山形県の酒田《さかた》なんだけど、おやじが軍人で福岡の久留米師団にいたんですよ、六つぐらいまで。ところが、戦争が終わる間近におふくろと兄貴と姉が二人、爆撃でパーンと消えちゃった。父親は戦地に行ってる。それで、四つの妹と二人で貨物車に乗せてもらって山形に帰ろうとしたんだけど、東京駅から上野駅まで歩いていかなきゃならない。そこで迷子になっちゃって。半年ほど〝ちゃりんこ〟やってたんです。わかる？　ちゃりんこって？　浮浪児ですよ（ちゃりんこには「浮浪児のスリ」の意味もある）。上野で浮浪児やってました、妹と二人でね。女性の前で言うのは申しわけないけど、今はアメヤ横丁になってるとこ、昔はパンパン宿だった。三〇〇人ぐらいのおねえさんたちが身体売って、そのお金でお粥だとかコッペパンだとか買っては食べさせてくれたんです」

相撲の話を聞くつもりが、終戦直後に上野で浮浪児をしていた話になった。上野の浮浪児の話はあちこちで読んだことがあるけれど、実際にそうだった人に初めて会って、なにも言えなくなってしまった。

「それで年末にチルドレン狩りって、警察が来てウロウロしてた子どもらを一斉に保護して、澤田美喜《さわだみき》さんがやっていた施設（エリザベス・サンダース・ホーム）なんかに収容されたんです。そのとき私の服に名札がついてたもんだから、警察から山形の本家に連絡がいって、びっくりしてじいちゃんが迎えにきてくれました。それで山形に帰れたけど、なにせ半年もちゃりんこやってるとね、普通じゃなくなるのよ。あんなのは、人間じゃいられない。それで周りのおとなが私に手を焼いて、福島県白河《しらかわ》にあった「満蒙開拓の父」と呼ばれた加藤完治《かとうかんじ》が開いた農場に送られ、四年間そこでまた一人で暮らしたの。特攻上がりの青年たちとか戦犯逃れの兵隊とかが隠れてたとこで、気の荒い人ばっかり。喧嘩が絶えない毎日でした。そうしたら親父が戦地から戻ってきたという知らせが届いて、福岡に行って一緒に暮らしました」

話はどんどん濃くなる。会場では試合が続いていて、英語のアナウンスで選手名が呼び上げられていく。

「イーストサイド、〇〇〇、ウエストサイド、△△△」

選手が土俵に上がると、世界各国から来た審判たちが「Rei!」「Kamaete!」「Hakkiyoi!」と大きな声を張りあげる。審判は、二〇一九年から日本人以外が務めることになっていた。

でも、大瀧さんはおかまいなく話を続ける。

「福岡の家は畑をやってたけど、畑っても、たった二町四反(一町は約一ヘクタール、一反は約〇・一ヘクタール)しかない。世界に飛び出して、もっとでかいことをしようと思った。二町は広い? 日本にいたら広く感じるかもしれないけど、ブラジルに行けばその何倍もできるって聞かされて、実際に最初から一二町の土地を借りられた。私はそこを開墾してスイカを植えました。そうしたら、それがばか当たりしてね。七トントラックを四五台も連ねて運ぶほどで、みんなに「このあいだ来たばかりのやつが当てやがって」とにくらしげに言われました。でも夜も寝ないで働いて、地元の人を大勢雇って朝から収穫して夜一一時半ぐらいに市場に持っていって売りましたよ」

成功した日系人と、地元の人の上下関係は瞬く間に変わっていく。なにも持たない勤勉な若者はたちまち成功して経営者となり、地元の人たちを労働者として雇うようになった。

「そのうちトラクターを買い、家を買い、日系社会の組合の指導員になってね。組合が日系新聞を出してたんだけど、そこに農業記事を書いていたんです。ところが、その組合自体が二代目の頃になったら潰れちゃった。日系銀行とかも、二代目になるとみんな潰しちゃうんだよね。日系新聞はなんとか続けていきたいと思って、私が引き継いで『ニッケイ新聞／JORNAL NIPPAK』として今も続けているし、ブラジル相撲連盟の理事とか、地元の体育協会の相撲担当とか、いろいろやってます」

大瀧さんは日系ブラジル社会の顔役だ。大瀧さんが中心になってつないできた日系社会の相撲界で、今では日系人よりアナさんのようにブラジルの人が相撲を取ることが増えている。それは、経済格差の影響も大きいのだろうか。成功した日系人たちとのつながりを求め、地元の人たちが集まる。でも、きっかけはそうであれ、アナさんが今もずっと相撲を続けているように、やがて、相撲そのものに魅せられていく。

会場で会ったルイ・ジュニオールさんもそんな一人で、一二歳で相撲を始め、現在二四歳。サンパウロのミエニシ相撲稽古場まで自宅のあるパラナ州から、なんと！車で八時間もかけて通っている。これまで一〇回以上ブラジル・チャンピオンにもなったというから、「魁聖に続いて日本の大相撲入りは目指さなかったの？」と素直に聞いたら、ウッとことばに詰まり、代わりに大瀧さんが「ルイはその決心ができな

かったんだよな、もったいない」と言う。なにかワケがあるんだろう、うっかり聞いてごめんなさい。

しかし、ルイさん、その実力で、個人重量級の決勝まで勝ち残り、決勝では盛岡市役所で働く五十嵐《いがらし》敦《あつし》さんに負けてしまったが、強かった！

日系人たちが集まって、心のよすがのためにやっていた相撲をブラジルの青年がやるようになり、大阪で、日本の選手と決勝を戦った。ルイさんの相撲の後ろには、ブラジルでの移民たちの長い歴史も見えるようだった。

歴史を振り返れば、日本からブラジルへの移民が始まったのは明治四一（一九〇八）年。その前にハワイへの移民が始まっていた。ブラジルでは一八八八年に奴隷解放があって、労働力が必要とされて始まったとある。そこから大瀧さんらが移民するまでもさまざまな苦難の歴史があり、大瀧さんも「女の子が集まってきちゃってスイカ持たせた」だけじゃないとてつもない苦闘があったのは当然だ。一二町もの土地を、どうやって開墾したんだろう？

大瀧さんは言う。

「相撲はね、なにより、一番の、輪をつくる源です。相撲は日系社会にね、なきゃならないもの。私も最初に相撲をやったからね。それで楽しかったね」

相撲をやって楽しかった——それが今、大瀧さんの胸に去来する思いなのだ。

世界のおすもうさんたち

突撃！　世界のおすもうさんは続く。土俵の外をフラフラ歩いていたら、この大会でもっとも興味深いチームに出会ってしまった。それはイラン・チーム。イランで相撲？　そうなんです。イランでも相撲。なにやらハッピーなオーラをまき散らしていたモハメド・バクシ君（一九歳）をつかまえて話を聞いた。

モハメド君は三人が出場していたイラン・チームの一人。スリムであか抜けた雰囲気、屈託のない様子の男の子で、ほかの二人もそんな雰囲気。ビーチでの相撲の試合に出た動画をスマホで見せてくれながら「僕は大学生です。モアザンダランドという街に住んでいます。もともとはレスリングをしていて、地区のチャンピオンになったこともあります。コーチに勧められて一年前から始めたんですが、相撲はイランではけっこう知られているんですよ。得意技は押し出し。イランの国内大会で八五キロ級四位が最高です」と、ニコニコ語る。

私たちが話をしていたら、イラン・チームのコーチ、ジョセム・マヌシェリさんが、なんだなんだ？　という感じでやってきて、驚きのことを言った。

「イランでは相撲が盛んで、女子もやっています。来年から女子も世界選手権に出場させます！」

えーーっ？　女子も？　どうやって？　驚く私たちにジョセムさんは、「女子の選手は足首まで隠れるタイツを穿いて、スカーフも巻いてやっています。国際相撲連盟から使用許可ももらっています。イスラム圏で女子の相撲があるのはイランだけです。私は二〇一一年にイランに相撲連盟をつくり、国際相撲連盟に加盟しました。今はイランのあちこちを周って相撲を教えていま す」と言う。五〇〇〇年前にシュメール人が相撲をしていたのはイランのお隣り、イラク(カファジェ古墳は現在のバグダッド近郊)だ。新しい相撲文化がこの地域から再び芽吹き始めているとは。

弱小大学相撲チームを描いた映画『シコふんじゃった』で、気弱な田中選手が土俵に上がってアーメンと十字を切り、審判に「なに？」と怒られると、チームメイトの青木選手が「信仰の自由だ」と叫ぶ場面があるが、土俵ではその通り、宗教も自由だ。引退してしまったが、大砂嵐《おおすなあらし》というイスラム教徒の力士も大相撲には存在した。イランでは二〇一六年から女子相撲の国内大会も行われているという。でも、同時に考えるのは、オリンピックでメダルを獲ったイランのテコンドーの女子選手のこと。体制を批判して、二〇二〇年はじめにオランダに亡命をしている。「私は英雄ではなく、抑圧された女性の一人だ」と語った彼女のことばは重い。相撲はどうなんだろう？　土俵に立つ女性たちは抑圧されているのだろうか？　いつかイランの女子選手たちに会ってみたい。

しかし、抑圧はもっと身近に別な形であった。ハワイの一九歳の女子大生アバ・チャン選手は、「女子が相撲をやっていると違和感を持たれる」と言うのだ。覚えてくれているだろうか？ 「白鵬杯」でお話を伺ったケナ先生。彼女はケナ先生の教え子で、会場でケナ先生と感動の再会を果たして、紹介してもらった。

「私はもともと、柔道をしていたんですが、一年半ぐらい前にケナ先生に出会って相撲を始めました。戦うこと、格闘技が大好きだから、相撲も大好きです。普段はおとなしいかもしれないけど、戦うと性格が変わります。でも、女子が相撲をやることはハワイでは知られてないので、言うと驚かれるんです。だってハワイで相撲といえば、やはり小錦や曙でしょう？ 私のような普通の女性がやるなんておかしいって」

相撲というスポーツが知られていて、小錦や曙といったスターたちが存在し、ステレオタイプなイメージが固定しているハワイでは、相撲は男性がやるものとなるのだ。

でもケナ先生率いるアメリカ・チーム、それだけではない。もう一人、ロバート・シリバイバオエ選手も紹介してもらった。大柄なロバート選手はおじいちゃんがサモアからアメリカへ移民して、今は中西部のミズーリ州カンザス・シティに住んでいる。

ロバート・シリバイバオエさん
アメリカ合衆国出身

「カンザス・シティには相撲をやる人が六人しかいなくて、土俵もないから屋外の芝生の上で練習をしています。一日二時間、週に三回の練習です。もともとはアメフトをやっていたけど、一年前から相撲を始めて楽しくてたまりません」

六人しかいなくて、と言うけど、カンザス・シティにおすもうさんが六人もいるなんて私には驚きだった。サモア移民の孫が、カンザス・シティで日本の相撲を取るというミックスぶりがじつに楽しいじゃないか。相撲は世界を渡り、おすもうさんも世界を渡り、国境や民族をズンズン渡っていく。いいないいな。

女子相撲の新しい世界

会場をグルグルしていて、ひときわ目を引く女性たちがいた。ノルウェー・チームのマリー・アスプランドさん(一七歳)とカトリーナ・フリセスさん(二〇歳)の二人だ。ブロンドで色白、いかにも北欧の美しい女性である彼女たちには、日本の高校生男子(もちろん、おすもうさん)たちがドキドキしてチラチラ見たりもしていた。そこで、ちょっといいですか? と声をかけると、こころよく答えてくれた。まずはノルウェーでの相撲の認知度から──。

「ノルウェーでは相撲がどんなものか知らない人のほうが圧倒的に多いんです。「日本人の太ったオッさんがやってる」みたいなイメージだけ」(マリーさん)

「だから私たちが相撲をやってると言うと、なぜ? 太ってもないのに? って言われます。も

ちろん、オッサんでもないしねぇ？」（カトリーナさん）
「そうそう！　アハハハ！」
声を揃えて笑う。
「でも、友達や家族はみんなポジティブに受け止めてる。男の子たちも興味を持ってくれて、「じゃ、レスリングでもやろうぜ」とか言う。かっこいい！　クールだ！　ってね。だから、恥ずかしいなんて自分は微塵も思いません」（マリーさん）
「私はじつはビーチ・レスリングのヨーロッパチャンピオンでもあります。だから、格闘技は大好き。ビーチ・レスリングとはことば通り、砂浜でやるレスリング。ノルウェーでは人気があります」（カトリーナさん）
「私は将来、相撲のチャンピオンになりたい。そして、空気を入れてふくらましたハリボテの相撲人形のようなイメージしかない人に、こういうものだって教えてあげたい」（マリーさん）
なんとも明るい二人。じつはマリーさんのお母さん、リンダさんは二〇〇一年、ドイツで行われた世界選手権の銀メダリストで、マリーさんは女子相撲二世代目にあたる。二人の相撲への姿勢はすごくポジティブで、彼女たちのような新しい世代が女子相撲を次のステップに進めていくんだろうな、とワクワクした。

ノルウェー出身のふたり

さて、そのノルウェー・チームにこの取材の大きなテーマ、なぜ世界のさまざまな地域の人たちが日本の相撲を取るのか？　という疑問に答えてくれる人がいた。チームのコーチ、トム・サンズタッドさんだ。

「日本相撲連盟が一九九五年に、レスリングをしているノルウェーの選手三人を日本に招いてくれたんです。その一人が僕です。そこで初めて相撲をやり、僕がノルウェーで相撲を広めています。今はまだ選手は四〇〜五〇人程度ですが、レスリング人口は一五〇〇人ぐらいいて、徐々にレスリングから相撲をやりたいという人たちも増えてきています」

なんと！　アマチュアの相撲団体、日本相撲連盟がそんな普及活動をしていたのか。相撲ファンにもほとんど知られていないだろう。日本の相撲はそうやって世界に広められ、世界選手権が開かれるまでになったのか。すごい。

浦嶋三郎さんの話

「というよりも、まず大会があって、そこから普及活動が始まったんですよ」

そう教えてくれたのはこの日も審判のまとめ役として会場を忙しく回っていた、浦嶋三郎《うらしまさぶろう》さんだ。一九八〇年からアマチュア相撲の審判として活動している浦嶋さんは、過去の世界選手権すべてに審判として参加している。世界におすもうさんを広めた話、もっとよく知りたいと、大会のあとでお話を伺った。

「世界相撲選手権は一九九二年から始まったとされていますが、じつはその前に布石があるんです。元をたどると一九八〇年に日本テレビの番組で「第一回全日本素人相撲選手権大会」というのがあって、これに米軍基地に勤務しているアメリカ人など日本に住む外国人が、大勢参加したんですね。そのあとテレビタレントになるチャック・ウィルソンなんかも、その一人です。これは五回まで続き、そのまま「国際相撲選手権大会」として計一二回、一九九一年まで続いたんです。はじめのうちは国技館でやっていたんですが、後半はブラジルで開いたり、海外の選手も正式に呼んだりしました」

最初のきっかけは、当時の日大相撲部の監督が日本テレビの東野《とうの》さんという相撲好きのプロデューサーに「やろう！」と声をかけたこと。でも、驚いたことにこの番組のさらに前がある。一九七一年六月から同じ日本テレビの「11ＰＭ」という深夜番組内で、その東野プロデューサーが仕掛けた「真剣勝負女相撲日本一決定戦」というコーナーが誕生し、数年間続くほどに人気を博していたんだとか。女子相撲が新相撲として始まるずっと前だ。これには日本に来ていたアメリカ人留学生の女性たちも参加、優勝をさらったという記録もある。

「11ＰＭ」という番組柄、当初はお色気系を狙って、女性たちはポロシャツにホットパンツ、幅の広いベルトをつけてマットレス土俵に上がった。しかしお色気演出もなんのその、それ以上に女性たちは真剣に戦い、感動を呼んで人気を博したという。世界の人たちが相撲で戦う発端は、素人女性たちの相撲熱だった。日本で男の競技と思われている相撲が世界に羽ばたくきっかけ、それをつくったのがじつは女性たちだったとは、おもしろい。

「そうして素人の大会をやっていたら、「相撲っておもしろいね」って、世界のあちこちから問い合わせが日本相撲連盟に寄せられるようになったんです。それならもっと世界に相撲を普及させようと、僕らが世界に飛んでいきました。ブラジルやドイツ、パラグアイ、アルゼンチン、コロンビア。世界各地です」

世界各地を浦嶋さんたちは（自腹で！）周り、日本の相撲を広めていった。「ことばはわからなくても日本から材料を持っていって、向こうで大きな鍋を借り、ちゃんこ鍋をつくってみんなで食べたりして、仲良くなりました。相撲の説明はやって見せるのはもちろんですが、ビデオテープを持参して映像を見せて説明をしました。相撲は勝敗がはっきりしているでしょう？　見せるとすぐに好きになってもらえましたね」

インドのコーチも言っていた。勝負は瞬く間に、はっきりつく。それがいい。しかも土俵がなくても地面に円を描けばすぐにできる。道具もなにもいらない。まわしがなくても、腰に布を一本巻けば十分だ。

「最初の頃にすごく熱心だったのはドイツです。日本以外で最初に世界選手権が開かれたのは一九九九年、第八回大会のドイツ、リーザでした。何度も「デモンストレーションに来てください」と呼んでくれてね。二〇〇一年の世界選手権では、サンドラ・ケッペンさんという女性が優勝しました。ケッペンさんは今、ドイツ女子チームのコーチをしているんですが、強かったですよ。日本の女子も歯が立たなかった。もともと柔道のメダリストで、相撲に魅力を感じて始めたそうです」

そのケッペンさんに柔道と相撲を習っているのが、私が会場で話を聞いたドイツのアニカ選手だった。

浦嶋さんたちは、世界を周って相撲の普及活動をしながら、いろいろな経験をし、さまざまな文化に触れてきた。

「コロンビアでは治安が悪くてホテルや試合会場にパトカーに先導されて移動したり、オランダではマリファナが比較的自由に吸えるから勧められることもあるので注意してくださいと言われたり、行く先々で多々驚くことがありました。相撲を教えても、最初はみんなから「裸はイヤだ」とよく言われたもんです。「お尻を出すなんてとんでもない」って。それで世界選手権でも最初の頃はみんな、パンツを穿いて上からまわしを巻いてやっていました。でも、ご覧になってわかったでしょう？　最近ではパンツなんて穿かないで、まわしを直に巻いてやる男子選手がほとんどですよね。まわし一本という相撲文化が世界で育っているんです。同時に、肌の色が違い、腕や足、身体のあちこちに刺青が見えるのも文化です」

相撲とSUMOの違い

話を世界選手権の会場に戻そう。

すべての競技が終わって私と金井さんがすっかり暗くなった中を帰るとき、日本の取材班が日本男子チームに取材しているのを見かけた。そこで日本の選手が団体戦に負けたことを「すみません」と謝っているのが耳に入った。

謝るなんて、なんで？　びっくりしたけど、そもそもまず日本の取材班（スポーツ新聞など）は私たちが見ていた限り、日本のチームにしか取材していなかった。せっかく世界中からおすもうさんが来ているのに、話を聞くのは日本の大学生や社会人、それも男子選手ばかり。もちろんことばの壁もあるだろうし、「昔はアメリカのエマニュエル・ヤーブローっていう三二〇キロぐらいある巨漢の有名選手がいて、ＣＭに出たりして、すっかりスターになりました」（浦嶋さん）というような海外のスター選手も今は不在だということもあるだろう。

でも、日本では相撲は日本の男がやるものとされている。大相撲が中心の文化の枠に閉じ込められ、逆に世界のＳＵＭＯは自由に羽ばたいているように見える。「相撲がＳＵＭＯに追い抜かれるようだね」と私と金井さんは話しながら帰った。ＳＵＭＯは身体と精神の表現を自由にする。ＳＵＭＯには「負けてすみません」なんて自己犠牲の概念はない。

ちなみに、この大会の団体戦で優勝したのは男女ともにロシア。浦嶋さんが「ロシアは相撲に力を入れていて、大浜相撲場のような会場をモスクワにつくるんだよ」と教えてくれた。近いう

ちにロシアに世界のおすもうさんが集う興行としてのＳＵＭＯが誕生しそう！
ああ、世界のおすもうさんたちは自由に飛ぶんだ。イギリスのＤｅｅｐ Ｓｕｍｏという四股名(?)の選手に会ったら、なんと彼は、相撲ユーチューバーだった。「僕のことは動画を見て。そうしたらなんで相撲をするかわかると思うよ！」と言われて見ると、大相撲の様式美に惹かれたとのことで、所作へのこだわりが半端なかった。三八歳。本業は鉄道会社勤務。彼もまた、働くおすもうさんでもある。

最後に再び審判・浦嶋さんの話を。

浦嶋さんは六七歳。昭和五三年から二年間、見習いをして、その後正式にアマチュア相撲の審判になった。今では〝アマチュア相撲の木村庄之助〟と呼ばれるアマチュア行司ナンバーワン。しかも妻の浦嶋孝子《たかこ》さんも、日本で数人しかいない女性のアマチュア相撲審判だ。

「私は鹿児島県串木野《くしきの》(現在のいちき串木野市)の出身です。串木野市に羽島《はしま》という地区があります。ここは相撲が盛んな場所です。小さな漁港が三つあり、羽島港と島平《しまびら》港、本浦《もとうら》港。三ヶ浦対抗での風土的な相撲がずっと続いてきました。私が生まれる前からずっとやっているんですね。夏になるとみんな帰ってくるんで、若い人たちが奉納相撲をやるわけです。大漁を祈願するもので、そうした神事相撲は日本全国各地にあります。うちでは父親が「相撲やらないと

男じゃないよ」とか言うんで、小さいときから相撲大会に出ていたんですが、そこで勝つとお客さんが一〇〇〇円札を背中にくっつけてくれてね。そうすると、子ども心にもうれしい。「おすもうさんになったらもっともらえるよ!」なんて言われ、だんだんその気になりました。当時、大相撲の巡業が来ると、学校を休んで見にいき、鹿児島を出て、おすもうさんになりたい! と思ったのが相撲に携わるきっかけです。でも、身長が足りなくてあきらめていたら「行司の道もある」と井筒《いづつ》部屋を紹介してもらったのに、東京都庁の試験を受けたら受かってしまって、親父がそっちに行け! と言うので上京して都庁で働き始めました。昭和四七年のことです」

ネットを調べたら、串木野でマグロ船が帰ってくる七月に、大漁を願って魚願相撲というのが開かれていたとあった。「串木野相撲甚句」もあって、船の上から見る薩摩半島の景色から、やがて串木野の港に近づき、無事に帰ってきた喜びが歌われている。なんとも心にシーンと染み入る甚句だ。相撲はこんな風にして土地に根づいてきた。浦嶋さんたち、その土俵に立ったみな、世界のおすもうさんだった。

そして今

五〇〇〇年のあいだ、相撲は世界のあちこちで取られてきた。それぞれの国で、それぞれの場所で、祈りや喜びとともに。二〇一九年一〇月の「世界相撲選手権」には、ひたすら相撲を愛するおすもうさんたちが集結していた。ポーランドのクロトシンで開催予定だった二〇二〇年の大会は中止となった。でも、この瞬間にも、世界のどこかで誰かと誰かが、相撲を取っているはずだ。相撲は一人ではなく、人と人が向かい合って取るから、コロナ禍にあってこそ、戦う二人のあいだには信頼と尊敬が必要だ。モンゴルの草原で子どもたちが。スイスのアルプスで牧童の親子が。セネガルの砂地で友達らが。きっと、どこかで、誰かが今も相撲を取っている。

10

モンゴルブフのおすもうさん

中国・内モンゴル自治区……の気分で茨城県

梅雨寒の午後、東武東上線に乗った。新型コロナウイルス感染拡大防止のために窓が開いていて、外の冷気がひゅるひゅると入り込んでくる。長袖シャツを着てきたが、さ、寒い……。腕をさすりつつ目的地に着くと富川力道《とみかわりきどう》先生がニコニコと立っていた。Tシャツに短パン、めちゃくちゃ薄着だ。

「こんにちはー」

「どうもどうも、お久しぶりです」

お隣りに立つと、富川先生の大きさが実感できる。背が高く、お腹まわりも堂々として、なにより肌寒い日も薄着でへっちゃら。あぁ、やっぱりこの人はおすもうさんだ、と再確認してうれしくなる。

富川先生に初めてお目にかかってから、すでに一年以上が経過していた。

中国の内モンゴル自治区で生まれたモンゴル人で、モンゴル名はバー・ボルドーさん。幼い頃からブフ(モンゴル相撲)をやり、名門・内モンゴル大学のブフ大会で三連覇を成し遂げた過去を持つ。いわば元・学生横綱だ。日本に留学して文化人類学を学び、日本国籍を取得し、現在は茨城県利根町《とねまち》にある日本ウェルネススポーツ大学で教授をしている。おもな研究テーマはモンゴルと日本の相撲文化。日本でブフを普及したいとの思いも強く、「モンゴル・ブフ・クラブ」を結成して指導にあたり、首都圏の公園で定期的にブフ大会を開催している。

わたしは一年かけて富川先生のお話を聞き、モンゴルの本や資料を読み、またお話を聞いた。日本で行われているブフ大会にも足を運んだ。知らないことに満ちていた。

「いつか金井さんをモンゴルに連れていきたいですね。ご案内しますよ」

富川先生は会うたびにニコニコ言う。日本国内で取材してこれだけおもしろいのだから、モンゴルへ行ったらどれほど大きな世界が広がっているのだろう。濁った東京の空のずっと向こうで、風が大草原を撫でている。

草原の家には必ず馬頭琴がある

富川先生は中国・内モンゴル自治区の草原で生まれ育った。省都フフホトから六〇〇キロ離れた場所。地名を問うと、シリンゴルと答えた。

「シリンゴルには草原があるんですか」

わたしの質問に、富川先生はおかしそうに笑った。

「シリンゴル盟といいましてね、盟とは日本の「市町村」にあたる行政単位です。シリンゴル盟だけで日本の面積の半分以上あります」

はー……、話のスケールが大きくてクラクラする。

「私の故郷はシリンゴル盟の中でも本当の田舎。草原のど真ん中です」

家は、木の柱を円形に組み立て、羊の毛でつくったフエルトをかぶせた伝統的な移動式住居「ゲル」だ。家畜の牧草を求めて季節ごとに場所を移る。

「うちは羊とヤギが多めで、とはいってもそれぞれ一〇〇頭から二〇〇頭くらいですね。牛はそんなにいなくて三〇頭から四〇頭。馬とラクダはふだん乗る用の三、四頭だけでした」

これだけたくさんの家畜について、富川先生は明らかに「ぜんぜん大したことない」という口調で話すのがおもしろかった。モンゴルでは馬、ラクダ、牛、羊、ヤギを「タワン・ホショー・マル（五畜）」と呼び、これが暮らしの基盤となる。

「夏は家畜の乳を加工して乳製品やお酒をつくって、冬は家畜を食べて暮らします。五、六人の家族だったら一冬で必要なのは羊一〇頭と牛一頭くらいでしょうかね」

家畜を屠《ほふ》るときは皮をきれいに取っておいて、それを加工して服や靴をつくる。富川先生も子どもの頃はずっと、お父さんやお母さんがつくってくれた靴を履いていたとか。

「初めて市販の靴を買ったのは、大学生になるときです。うれしかったなぁ。これからは、おしゃれな靴が履けるんだと思ってね」

そう言って先生はほほえんだ。布で形をつくり靴底に革を張る遊牧民の手製の靴のほうがよっ

ぽどすてきだと思うけど。ま、わたしだって子どもの頃は母がミシンで縫ってくれるスカートより大量生産の既製服のほうがかっこいいと思っていたんだから、同じか。

遊牧民の暮らしでは現金を使う機会はあまりなく、基本は物々交換らしい。地域の協同組合に生きた牛や刈り取った羊の毛を持っていくと、それに見合った小麦粉、ゴマ油、綿、布、フェルト、灯油などと交換することができた。

「うちの父は、馬頭琴や胡弓や三味線といった民族楽器をつくるのが得意でした。近隣の人に頼まれてつくっては、家畜と物々交換していましたよ。たとえば馬頭琴一つに対して母牛一頭、あるいは母羊と子牛をセットで二頭、とかね」

モンゴル人の家には必ず馬頭琴があるらしい。たとえ演奏できなくても、家に飾っておく。そうすればお客さんが弾くこともあるし、ただ置いておくだけで厄除けになるという。

「お正月の前になると、よく新しい馬頭琴の注文がきました。おかげで、うちの家畜が増えましたよ」

とにかく財産は家畜。それから家と楽器。シンプルな暮らしの話は、聞いているこちらまで心が広がる。

「しかし私が育ったのは改革解放前の中国ですから、家畜も国有財産とみなされていました。それを遊牧民が預かっているという考え方。私有していいのは家畜の群れの五パーセント以内などと決まりがありました」

そう、富川先生が生まれたのは中華人民共和国だ。そもそも「モンゴル」と聞くと、多くの人はモンゴル国を思い浮かべるかもしれない。しかしモンゴル語を話し、モンゴル文化を生きる人たちは、モンゴル国のみならず中国の内モンゴル自治区や新疆《しんきょう》ウイグル自治区、さらにはロシアのブリヤート自治共和国などにも暮らしている。大相撲でいえば朝青龍、白鵬、鶴竜をはじめモンゴル人力士の大部分はモンゴル国の出身だが、二〇二〇年三月に引退した蒼国来《そうこくらい》（現・荒汐《あらしお》親方）は中国の内モンゴル自治区の出身だ。

「なんで同じモンゴル人なのに、別の国にいるのか」という素朴な疑問は、素朴ゆえに口にしにくい。ルーツが同じ人たちが別れ別れに暮らす事例は世界各地にあるが、それらはいつも悲しい歴史をともなっている。しかもモンゴルの場合、日本人が無邪気に質問することは一層はばかられるのだ。

ゲル

一九一五年に帝政ロシア、中華民国、そしてモンゴルのボグド・ハーン政権の三者間で締結されたキャフタ協定が、モンゴル国と中国の内モンゴル自治区の分断を決定づけた。ロシアと中国、二つの大国の思惑によってモンゴルは統一できなかったのだ。だけど、これをロシアと中国の問題だと片づけるわけにはいかない。日本人が決して忘れてはいけないのは、日露戦争（一九〇四～

〇五）の戦場は日本でもロシアでもなく、モンゴル人と満州人の土地だったこと。そして関東軍が築いた傀儡《かいらい》国家・満州国（一九三二～四五）の大部分はモンゴル人の草原だったこと。二〇世紀、日本は数十年にわたってモンゴル人の土地を土足で荒らし回り、中国からの独立を日指すモンゴル人を利用し続けた。それがモンゴル国と内モンゴル自治区の統一を阻む大きな原因となったのである。

学校の休み時間は、いつも相撲大会

「子どもの遊びは、とにかく相撲です」

富川先生は相手の腰をぐっとつかむ仕草をしながら、うれしそうに言った。

「なにしろ日頃から動物の相手をしていますからね。力があるんですよ、遊牧民の子どもは」

よちよち歩きの頃から家畜の世話を手伝う。三歳くらいになったら一人で子羊を持ち上げて運ぶから、腕の力が半端ない。また日常的に馬に乗り体幹が鍛えられている。一人前の男になれば、暴れ馬の耳を持って、ヒョイッと足払いをして倒すこともできる。日本の相撲の決まり手の「外掛け」や「二丁投げ」の仕草が自然に身につくという。

「いまの子どもって暇さえあればゲームするでしょ。ああいう感じで相撲を取ってました」

小学校の授業は一コマ四五分で、休み時間は一〇分。男の子はみんな、その休み時間に相撲を取る。日本の相撲のような土俵や仕切り線はなく、組み手を争うスタイル。足の裏以外が地面についたら負けだ。

「相手と組み合ってね、「年齢の数だけ勝ってやる」ってお互いに言いながらやるんです。「おまえは一〇歳だから、俺はおまえに一〇回勝つ！」というふうに」

男子生徒の上着の袖はいつも破れており、脇の下の縫い目が裂けることもしょっちゅうだった。

「服が破れると、女の子が縫ってくれるんです」

照れくさそうに回想する富川先生。きっと大きくて強いボルドー少年は、女の子にモテたんだろうなぁ。

「女の子は相撲をしないんですか？」

「しますよー。内モンゴルでは八〇年代前半から女子の相撲大会をやっています」

わー、女子相撲もあるんだ！　競馬とブフと弓射の腕前を競うモンゴル最大のお祭り・ナーダムでも女子の部があるという。先生はマルコ・ポーロが書き残したハイト王《ハーン》の伝説について教えてくれた。

昔、モンゴルにハイトという名の王様がいて、その娘はめちゃくちゃ相撲が強かった。娘が年頃になったとき、王様は全国におふれを出した。「うちの娘と相撲を取って勝てる男がいたら、その者に娘を嫁がせる。その代わりもし娘が勝ったら、負けたやつは馬を一〇〇頭差し出すよう

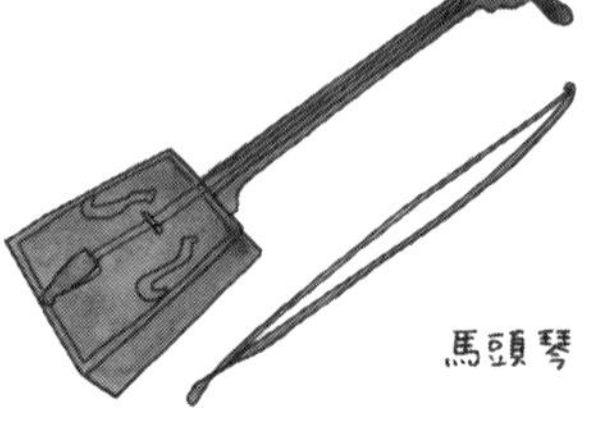
馬頭琴

に」と。そのあと、どうなったんだろう。物語の結末はよくわからないが、日本でも中世の説話集に力持ちの女の子の物語が載っているように、モンゴルでも相撲が強い女の子の伝説が語り継がれているのだった。

ところで富川先生が子どもだった六〇年代後半からおよそ一〇年間、中国では文化大革命の嵐が吹き荒れていた。「知識青年」と呼ばれた都市部の若者たちを強制的に農村に「下放」する運動が推し進められ、内モンゴルにも約三〇万人の青年がやってきた。一方でこの機に乗じて、中国共産党は内モンゴルの人たちを徹底的に弾圧したとも伝えられる。内外モンゴルの統一を絶対に阻止したい思惑から万単位のモンゴル人を投獄しまくり、殺しまくったと。この件を「ジェノサイド」という語で語る研究者もいる……。

わたしはおそるおそる、「あの、文革のときは」と話を振った。

「ぼくの地域には四人の知識青年が来ましたよ。草を刈って、馬車や牛車で村人の家に運ぶ仕事をしていました。青年たちは二〇代前半で、ぼくにとってはお兄さんみたいな感じ。みんないい人でした。とくに周さんという青年とは仲良くなって、中国語や漢字を教えてもらいました」

と穏やかなエピソードが語られたので、ホッとする。

「あとね、文革のおかげで勉強しない人が褒められました。ハハハ」

愉快そうに笑う。勉強しない人が褒められるって、すごい時代だ。文革時代に中学生だった富川先生は、数学、物理、化学を習うことなく過ごしたとか。それで大学に入れたのはラッキーでした、とおおらかに言った。

名門大学でブフに明け暮れる

富川先生の時代、草原の子が通う村の学校は小学三年生まで。四年生からは町の学校で寄宿舎生活を送ることが義務づけられていた。一〇歳で親元を離れるのはさびしかっただろう。

「明日から夏休みが始まるという日に、父が馬にまたがって、もう一頭の馬を引き連れて迎えにきてくれるんです。その空《から》の馬にぼくが乗ってね、二頭の馬で並走してゲルまで帰る。あの時間が一番の楽しみだったなぁ」

先生は柔かい顔をして「あの時間」を振り返った。学校のある町からゲルまでは約五〇キロ。どこまでも続く夏の草原。明日からは長いおやすみ。お父さんと並んで馬を走らせる。あぁ、想像するだけで胸がキュッとなる。

「冬はラクダですよ、ふふふ。ラクダの二つのコブの真ん中にまたがるとあったかいんです。だから冬休みが始まる前の日は、やっぱり父がラクダ二頭で迎えにきてくれました」

わぁ、それもいい風景だなぁ。見渡す限りの雪原を、父と息子を乗せた二頭のラクダが帰っていく。きっとゲルでは、お母さんがあったかい食事をつくって待っているんだろう。

休み前にお父さんが馬やラクダで子どもを迎えにいく、という風景は現在では見られない。国

が遊牧民の定住化政策を進めたためだ。八〇年代になると村の学校は閉鎖されて、就学年齢に達したらすぐに家を離れて町の学校に行かなければならなくなった。九〇年代になるとその町の学校すら閉鎖されて、さらに遠く離れた都会の学校に入ることが求められた。

「いまの遊牧民は、子どもを学校に通わせるために大きな犠牲を払っています」

と富川先生。子どもが学齢期になると、祖父母か両親のどちらかが保護者となって子どもと一緒に都会に出ざるを得ない。あるいは広めのアパートを借りて親戚の子どもをまとめて住まわせ、一族を代表するおとなが同居して面倒をみるケースもあるとか。

「家族がバラバラに住むことになると、家庭内にいろんな問題が起きますよ」

定住化政策は浸透し、一年の半分以上を都市部に住む遊牧民も増えている。お上としてはそのほうが管理しやすいのだろうが、そもそも「遊牧民の定住化」ということばが矛盾しているような……。数百年前から続いてきた遊牧民の暮らしや文化は、少しずつ失われていくのだろうか。

ところで富川先生は、高校に行くまで中国語をほとんど知らなかったと言うので驚いた。小学三年生まで通った村の学校には遊牧民の子しかいないから、当然、授業はモンゴル語。四年生以降に学んだ町の小・中学校には漢民族の子もいたが、中国語クラスとモンゴル語クラスに分かれて授業が行われていた。

「中国語クラスは漢民族の先生が、モンゴル語クラスはモンゴル人の先生が教えていました。すべての教科が別々ですから、同じ学校に通っていても漢民族の生徒とはあまり接点がなかった」

高校はモンゴルの民族学校に進学。また学校の中はモンゴル人だけになった。ちなみに現在、内モンゴル自治区では人口の約八割を漢民族が占めており、モンゴル人の割合は一〇パーセント台。「モンゴル」と名のつく行政区にもかかわらず、モンゴル人は圧倒的なマイノリティだ。

「漢民族の高校の生徒と喧嘩したりしました?」

と水を向けると、富川先生は苦笑しながらうなずいた。

「ハハハ、そうですね。先輩から代々受け継がれている喧嘩ですね」

「モンゴルの人は月餅を食べないって本で読みましたけど……」

「そうそう！　中学のときも高校のときも、八月一五日の喧嘩っていうのがありましたねぇ」

富川先生は当時を懐かしむような穏やかな顔つきで、喧嘩の話をしてくれた。

中国では旧暦八月一五日（中秋節）に、月を愛でて、月餅を食べるのが古くからのしきたり。その日が近づくと月餅を親しい人に贈る習慣がある。伝説によれば、モンゴル人が国を統治していた元の時代、漢民族は武装蜂起を計画した。敵に気づかれずに情報を拡散するために使われたのが月餅だ。「八月一五日の満月の晩、モンゴル人を殺すぞ」という極秘情報を月餅の中に入れて各地に送ったのである。それによって蜂起は見事に成功し、大量のモンゴル人が虐殺され、元の統治は終わった……。

「だからモンゴル人は月餅を食べません。で、逆に漢民族は八月一五日にお祝いの宴会をやるんです。モンゴル人に見立てたスイカに目や口を描いて、それを叩き潰して盛り上がる。ぼくらはその宴会に石を投げにいくんです。そういう喧嘩がありましたねぇ」

え、スイカに顔を描いて叩き潰すって、怖すぎる……。富川先生は、やんちゃな高校生が他校とつばぜり合いをするみたいなノリで話してくれたけど、民族の歴史を背負った生々しいやりとりにことばを失う。

とにかく草原で生まれモンゴル語の授業を受けて育った富川先生は、高校の中国語の授業についていくことができなかった。その一方で、日本語との出会いがあった。

「中学三年のときに、一つ上の先輩が日本語を習ったと話していまして。日本語とモンゴル語は発音が近いと聞いて、おもしろそうだと思って独学でアイウエオの五十音を覚えたんです」

ちょうど高校のカリキュラムが変わって日本語が選択科目になったこともあり、日本語の勉強を続けた。

「その段階で日本人に会ったことはないです。ただ抗日映画はモンゴル語の吹き替え版でよく見ていました。日本についてはは映画のイメージしかなかったです」

残忍な鬼のごとく描かれていたであろう抗日映画の日本人を見て、よく日本語を勉強したいと思ったなぁ。ともあれ先生の日本語への興味は尽きず、フフホトにある内モンゴル大学日本語学科へと進学する。内モンゴル大学といえば当時は中国全土で十指に入る名門校。

「ちょうどぼくが受験する年に、日本語学科の授業をモンゴル語で行うコースが設けられましてね。しかも、たまたま数学の点数が加味されないシステムだった。ラッキーが重なって合格できたんですよ」

と先生は謙遜するが、地元では親族も近所の人もみんなが大喜びするたいへんな快挙だった。

大学では日本語の習得とブフの稽古に明け暮れた。身長もどんどん伸びて一メートル八〇センチを超えた。指導者にも恵まれ圧倒的な強さを身につけた富川先生は、内モンゴル大学ブフ大会で三連覇を成し遂げる。さらにフフホトにある八つの大学のブフ選手権大会(一二八名で競う)で二年連続準優勝。たとえてみれば、東京大学相撲部のエースがインカレで表彰台にのぼったみたいなことだろうか。文武両道のボルドー青年、かっこいい。

さらに大学卒業後の一九八六年の大会で、バー・ボルドーの名はブフ界に轟くことになる。ツァーガーンザーンとスー・ソイルトという二大横綱を相次いで倒したのだ。

「二人とも、ブフの世界でもすごく有名だったけど、同時に摔跤《シュアイジャオ》（中国に古くからある格闘技。柔道に似ている）のチャンピオンでもあったんです。ツァーガーンザーンは摔跤一〇〇キロ級の、スー・ソイルトは中量級の全国チャンピオンでした。無敗の無敵のすごい横綱。ぼくのブフ人生の中で、あの二人に勝てたことは一番の誇り」

富川先生はうれしそうに回想する。

「その大会でぼくは結局ベスト8止まりでした。それでも仲間たちが「あの二人を倒したことは優勝より価値がある！」って祝勝会をしてくれました」

国技館の土俵の狭さにびっくり

一九八七年、富川先生は国費留学生として日本にやってきた。

「最初にテレビで大相撲を見たときは、土俵が狭くてびっくりしました」

なるほど、モンゴルのブフには土俵がない。大会ともなると、広ーい草原に何組ものおすもうさんが散らばって、一斉に試合をする。日本相撲の直径わずか四・五五メートルの土俵を目にした富川先生が、「せまっ！」と感じたのは当然だ。

「正直言うと、こんなところで相撲取っておもしろいのかな？　この狭いところで技なんてかけられるのかな？　と思いました」

ところが、その狭さこそが日本の相撲の醍醐味だ。相手のまわしをつかんで一直線の電車道、突き押しで土俵の外にぶっ飛ばす、さらには土俵際での大逆転など、ブフにはない技の数々に富川先生は魅了されたという。

「ちょうど千代《ちよ》の富士《ふじ》が強い頃でね。益荒雄《ますらお》というおすもうさんも活躍していて、すぐに名前を覚えました」

小結になったばかりの益荒雄が二横綱（千代の富士、双羽黒《ふたはぐろ》）四大関（北天佑《ほくてんゆう》、大乃国《おおのくに》、朝潮、若島津《わかしまづ》）を破って旋風を巻き起こしたのは、八七年三月場所のこと。

「いっぺんに日本の相撲にハマった。それに」

富川先生はニヤリと笑ってつけ加えた。

「組めば、ぼくでも通用するなと思いました」

ブフは相手の体を地面に転がしたら勝ちである（モンゴル国と内モンゴルでルールが少し異なる）。寄り切りや押し出しといった決まり手はない代わりに、組み合ってからの足技や投げ技は大得意。富川先生が日本の相撲に挑戦していたら、どんなことが起きただろうか。

一年間の留学を終えて、富川先生は内モンゴルに帰った。だが帰国前から、必ずまた日本に戻ってこよう、日本で研究者になろうと決めていたという。先生の目には、当時の日本は教育も経済もレベルが高い国に映った。

「日本にはなによりも自由がありました。言論の自由がね」

日本語教師、通訳ガイドなどをしながら再来日の機会をうかがっていた富川先生は、ついに九二年三月、私費留学生としてカムバック。大学院で文化人類学を学んだ。修士課程では日本の葬送文化をテーマにしていたが、あるとき文化人類学者の山口昌男《やまぐちまさお》氏の書斎に相撲の本が並んでいるのを見て「これだ！」と閃いた。以来、博士課程から現在までおもに相撲文化を研究している。

ところで富川先生が再来日した九二年春、日本の相撲界にも大きな事件が起きていた。モンゴルからおすもうさんがやってきたのだ。

大相撲にモンゴル人がやってきた

モンゴル人を大相撲に勧誘したのは当時の大島《おおしま》親方（元大関・旭國《あさひくに》）だ。八〇年代からモンゴル国の首都ウランバートルをたびたび訪れ、ついに九二年二月、スカウトのための大会を開いた。応募者一六〇人の中から選ばれたのが旭鷲山《きょくしゅうざん》、旭天鵬《きょくてんほう》、旭天山《きょくてんざん》（当時は旭嵐山《きょくらんざん》）ら一〇代の少年六人。この九二年二月は、モンゴル人民共和国からモンゴル国へと国名が切り替わった歴史的なタイミングでもあった。

モンゴル人民共和国は一九二四年、ソ連に次ぐ世界で二番目の社会主義国として誕生し、いわゆる「ソ連の衛星国」として二〇世紀を歩んできた。富川先生が育った中国の内モンゴル自治区とはまた事情が違うが、こちらでも宗教は弾圧され、遊牧民が強制的に農耕化・定住化させられ、抵抗した者は万単位で粛清された。四〇年代になるとモンゴル語はキリル文字で綴られるようになり、優秀な人はモスクワへ留学するのが定番で、ソ連政府に認められた政治家だけが活躍する一党独裁時代が長く続いた。あぁ、ソ連の干渉おそろしや……。

しつこく申し添えておくが、ソ連軍がモンゴル人民共和国に大手を振ってドカドカ入ってきたのは、一九三九年に満州国とモンゴルのあいだで起きた紛争がきっかけだった。ノモンハン事件、と日本の教科書は書く。でも事件なんて生易しいもんじゃなくて、両軍合わせて数万人の死者が出ており、モンゴルではハルハ河戦争と呼ばれている。「満州 vs モンゴル」というのは表向きで、内実は「日本 vs ソ連」の大規模な戦闘だった。これを機に、ソ連はモンゴル国内で兵力を増強させていったのだ。モンゴルの現代史は、日本人にとって決して人ごとではない。

さて八九年、ソ連でペレストロイカが起こると、モンゴル人民共和国でも民主化の機運が高まった。そして九一年にソ連が崩壊すると、モンゴルもまた社会主義を手放すことに。国名もモンゴル国へと変更された。まさにその過渡期に、旭鷲山や旭天鵬たち六人のおすもうさん候補が来日したのだった。東西冷戦の時代、モンゴルに日本の情報はほとんど入ってこなかったという。そのため「日本にはサムライや忍者がいると思った（旭天鵬）」とか「日本に来て自動販売機というものを初めて見た。ここは科学技術の国だから「ジュースください」と声をかけたらジュースが出てくるのかと思った（旭鷲山）」なんて証言が残っている。

かつてハワイから来たおすもうさんもそうだったように、モンゴル六人衆も日本語や日本文化、なにより相撲部屋の慣習に馴染むのにとても苦労した。入門半年後には旭天山をのぞく五人が「もう耐えきれない」と部屋を脱走、モンゴル大使館に逃げ込む事件が起きている。大使館に逃げ込むって、まるで亡命者のようだ。必死さが伝わってきて胸が詰まる。

旭鷲山は親方夫婦と旭天山に説得されて部屋に戻り、旭天鵬にいたっては一度モンゴルに帰ったのに実家まで追いかけてきた親方の熱意にほだされて再来日。もう一度だけ頑張ってみようと決心し、また奮闘の日々が始まる。羊肉を食べて育った人間が生魚をおいしいと感じるようになる頃、少しずつ番付も上がっていった。旭鷲山はモンゴル人初の関取となって人気を博し、引退後は祖国で実業家・政治家になった。旭天鵬は四〇歳を過ぎても幕内で活躍する息の長いおすもうさんに。二〇一二年、三七歳八か月で平幕優勝を果たしたときは土俵の上で男泣き、モンゴル関係者みんながもらい泣きをしたという。引退後はモンゴル出身で初の親方となり、現在は友綱《ともづな》部屋を率いている。

そしてこの先駆者たちの最大の功績は、モンゴルから才能ある後輩を引き寄せたことだ。二人の活躍を見て、多くのモンゴル人が大相撲で一旗あげようと日本を目指すようになった。大多数はモンゴル国

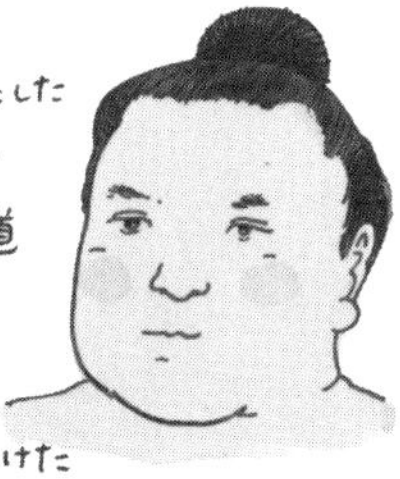

2015年初場所で
33回目の優勝を果たした
白鵬に捧げる詩
富川力道

丸い土俵の上
ぶつかり合う力と力
その瞬間に火花が弾けた
国技館のなかは
雷雨の如く
拍手喝采が止まらない
白鵬は泰然と蹲踞し
右手で風を切った
花道へ小さくなってゆく後姿が
一層大きく目に焼き付く
土俵の上の健児
轟かせる大相撲とモンゴルの名

から、わずかに中国の内モンゴル自治区から。母語がモンゴル語で、日本語が堪能で、相撲文化を研究している富川先生はほとんどのモンゴル出身力士と面識があり、これまでにさまざまな相談に乗ってきた。

「モンゴル人は、立ち合いに慣れさえすれば力が発揮できる。でも慣れないうちはケガをしてしまう。足技がうまいのが特徴です」

富川先生はその背景をこう説く。

「遊牧民の男なら誰でも、暴れ馬を足で払って制圧する技を身につけている。それがブフの足技の原点です。遊牧生活をしていない都会育ちのモンゴル人にも、不思議と足技は受け継がれているんです」

二〇二一年一月現在、モンゴル出身力士は二一名。すでに四人の横綱が誕生した(朝青龍、白鵬、日馬富士《はるまふじ》、鶴竜)。高校生や大学生の大会でも、モンゴル人留学生の活躍が目覚ましい。最初の一歩から約三〇年、モンゴル人は日本の相撲界にとってなくてはならない存在となった。富川先生は、さらに興味深い話を披露してくれた。

「じつはもっと前から日本の相撲とモンゴルのブフには交流があったんですよ」

満州巡業異聞――ブフの選手が飛び入り参加

富川先生が紹介してくれたモンゴルと日本の相撲交流秘話は二つ。

一つめは『チャハル・ブフの勇姿』(未邦訳)という本に綴られた伝説で、一八世紀、日本と清のあいだで皇帝の地位を賭けた相撲対決が行われたというもの。わはは、落語か。日本の将軍が「相撲に勝ったほうが皇帝ね」と言ったのだろうか。一応、物語は「慌てた清朝側は天下無双のブフ・ビルグトというモンゴル人力士を呼び寄せて、日本人力士と立ち合わせた結果、勝利を収めて国難を乗り越えた」という結末になっているらしい。映画化を希望してやまない。

二つめは、ぐっと現実味を帯びる。満州国時代には、モンゴルと日本のおすもうさんが交流する機会がしばしばあったというのだ。一九三八年に満州国の首都・新京に創設された建国大学には、武道教育の一環として角力部が置かれ、モンゴル人学生も所属していた。さらには数年に一度、大相撲の満州巡業が行われたが、そこにブフの力士が参加したことが記録されている。

富川先生は大学院生の頃、聞き取り調査をしたことがあると語った。

「ぼくが調査をしたのは九〇年代後半です。そのとき話をしてくれたのはトゥムルジュルフさんという人で、二〇年代前半に生まれた名力士。彼は一九四三年の大相撲満州巡業のときに呼ばれて、日本人力士に勝ったと言っていましたよ」

おー、すごい。日本式の相撲でモンゴルのおすもうさんが勝ったのだ。

「土俵の下にぶん投げたらしいです。それで日本人力士の闘争心に火がついちゃって、トゥムルジュルフさんの次に土俵に上がったモンゴル人は、逆に投げ飛ばされて腕を骨折したそうです」

同じ頃、内地でも多くの日本人がブフを目にする機会があった。一九四〇年六月、東京で「紀元二千六百年奉祝・東亜競技大会」が開かれ、そのプログラムに「蒙古相撲の公演」があったことが記録に残っている。この東亜競技大会は、日中戦争のせいで幻となった同年の東京オリンピックの代わりに行われた「スポーツの祭典」。参加国は大日本帝国、満州国、中華民国（汪兆銘《おうちょうめい》政権）、フィリピン・コモンウェルス、ハワイ準州、蒙古聯合自治政府の六つだけというしょぼさで、開会式の選手入場では「愛國行進曲」が流れたらしい。思いっ切りスポーツを政治利用した事例として語り継がれている。そこにモンゴルのおすもうさんが参加していたなんて初耳だった。旭鷲山や旭天鵬がやってくるずっと前から、モンゴルと日本のあいだにはおすもうを通じた行き来があったのだ。

八〇年前、ブフを初めて見た日本人はなにを感じただろうか。興奮しただろうか。草原の風を想像しただろうか。そんなことを思いながら、わたしは秋晴れの土曜日、ＪＲ成田線に乗り込んだ。第二四回ブフ大会を観戦するためである。

馬乳酒を舐めながらブフ見物

「お菓子、持ってきたー」
「飲み物はコンビニで買えばいいか」
「馬乳酒あるってよ」

「きゃー馬乳酒、飲んでみたーい」

和田靜香さんと和田さんのスモトモ(相撲友達)であるマルさんと三人、大騒ぎしながら千葉県我孫子《あびこ》市にある布佐《ふさ》駅に着いた。休日の朝一〇時、完全に遠足気分だ。駅前からスクールバスに乗って利根川を渡り、茨城県へ。富川先生が教鞭を取っている日本ウェルネススポーツ大学のグラウンドが今日の戦いの舞台である。

青い空が、どーんと広がっている。グラウンドには緑色の人工芝が敷き詰められており、しかもこの日のために本物のゲルが二基建てられていた。青と緑のコントラストに、ゲルの白。

「なんか、モンゴルっぽい」

グラウンド手前には屋台が出ていて、モンゴルの民族衣装を着た女性たちがモンゴル風揚げパンを売っている。ブフの試合の合間には馬頭琴とホーミーの演奏があるらしい。内モンゴルからの招待選手がのっしのっしと目の前を横切っていく。

「うん、ここはもうモンゴルだ」

わたしたちが興奮していると、ニコニコしながら富川先生がやってきた。

「ようこそいらっしゃいました。大したお構いはできませんが、楽しんでください」

富川先生はこの日のために、何か月も前から奔走してきた。ブフ大会は、先生の人生にとって大事なイベントなのだ。

第一回のブフ大会は、一九九四年に東京の代々木公園で開かれた。立ち上げたのは、富川先生の親友で内モンゴル大学の同級生でもあるソイルトさん（のちに日本に帰化し、日本名は牧原創一《まきはらそういち》さん）。富川先生は当時をこう振り返る。

「ぼくはそのとき千葉大の大学院生だったんだけど、親友のソイルトから電話がかかってきてね。日本でブフの大会ができるなんて思ってなかったから、本当にうれしかった」

ブフの大会は勝ち残りトーナメント方式で行われるので、大会参加人数は三二名、六四名、一二八名、二五六名、五一二名、一〇二四名……と決まっている。

「でもねぇ、第一回大会は一六名にも満たなかったんですよ、ハハハ」

それから四半世紀、首都圏に住んでいるモンゴル国出身者、内モンゴル自治区出身者に声をかけ、毎年ブフ大会が開かれてきた。

「秋になると誰でも、昔のことを思ってしんみりするでしょう。その時期にブフ大会をやると、モンゴル人はみんなホッとします。東京や埼玉の公園の芝生が、故郷の草原につながっているような気持ちになりますよ」

参加者は三二名に落ち着いた。最初の一〇年間、富川先生はぶっちぎりで強かった（優勝五回、準優勝三回）。その後は選手を引退し、運営側のリーダーになった。会場のセッティング、内モンゴルから選手の招待、協賛をつけて賞金集め、会場を盛り上げるモンゴル音楽の演奏家の手配など、こまごましたことを一手に引き受けている。

この日も富川先生は大忙し。準備を整え、来賓を迎え、マイクの前で高らかに開会宣言をし、すべての試合に目を配り、表彰式ではトロフィーを渡し、総評を述べて、あと片づけまで、終日汗をかいていた。わたしと和田さんは早々に悟った。「今日は富川先生に通訳をお願いするのは無理だ」と。

でも内モンゴルから来日した現役バリバリのブフ選手たちに、どうにかしてインタビューしたい！　わたしたちは通訳をしてくれそうな人を物色するため、本部テントのまわりをうろついた。するると、

「チーズを食べなさい」

「馬乳酒を飲みなさい」

と、いきなりの接待攻勢である。念願の馬乳酒は……お、おう、こんな味か……匂いに癖ありすぎ……想像以上にすっぱい……三人で神妙な顔をして、紙コップを握りしめてチビリチビリと舐める。馬乳酒の医学的効果は広く認められており、モンゴルでは馬乳酒を用いたクリニックまであるという。ありがたーい飲み物なのだ。でもわたしたち、ぜんぜん飲み終わらない。途中で放棄するわけにもいかず、

「こ、これは、あとでゆっくりいただきます」

たっぷり馬乳酒が残っているコップを、一旦荷物のところに置きにいく。

そうこうしているうちに、通訳してくれる人が見つかった。わたしたちは満を持して、モンゴルの装束を身につけて談笑している四人のブフ選手

に近づいた。わー、大きいなぁ。おすもうさんだなぁ。胸が高鳴る。

四人とも、内モンゴルのシリンゴル盟アバガ旗出身。

「お仕事はなんですか?」

「遊牧民です」

リーダー格のチャダルバルさん(三八歳)が答えて、あとの三人も「右に同じ」というようにうなずいた。チャダルバルさんはゲルに住んでいて、母と妻と子どもが二人の五人家族だという。

「馬が一〇〇頭、牛が五〇頭、羊が三〇〇頭……」

五人家族でそれだけの家畜の面倒をみるのか。圧倒される。

「趣味はなんですか?」

「ええと、趣味はブフですね。あとは気晴らしの乗馬かな」

チャダルバルさんはほほえんだ。あぁ、遊牧民らしい人生、遊牧民らしい暮らし。通訳をしてくれたブリンさんが、フフフと笑いながら日本語で言い添えた。

「ええと、たぶん、あなたが想像している広さとぜんぜん違います」

どういうことだろう? と首をかしげると、ブリンさんはこう続けた。

「彼らは五〇キロ四方くらいの土地に住んでいます」

「えっ、五キロじゃなくて、五〇キロ？」

「はい、もうどこまで行っても草原。広い広い」

はー、まったく想像できない。弾むように言った「広い広い」がとても印象的だった。チャダルバルさんにブフのことを尋ねた。

「ブフは小学校に入る前からやっています。初めて大会に出たのは一七歳」

これまでに内モンゴルのブフ大会で一〇〇回以上優勝している。中でも特筆すべき成績は一〇二四名のブフ大会でのベスト4と、二五六名の大会での優勝五回。お国では名の知られたおすもうさんだという。たしかに、表情も仕草も堂々としていて、全身に自信がみなぎっている感じ。

「四〇歳までは現役を続けるつもり。ブフが好きだし、伝統を守りたいという気持ちもあります。五〇歳以上はシニアの大会もあるので、まあ一生ブフとの縁は切れないでしょう」

あとの三人も、一二八名の大会で五回優勝したとか、六四名と一二八名の大会で合計二〇回は優勝しているとか、輝かしい戦績を持つ。中でもムンフジャルガルさんの経歴は少しユニークで、ブフだけではなく中国の格闘技・摔跤の全国大会で二回優勝、六回準優勝を遂げている。

そんな話を聞いているうちに「選手のみなさんは集まってください」のアナウンス。いよいよ試合開始だ。わたしたちはグラウンドが見渡せる好位置に陣取って、さきほど飲み残した馬乳酒を舐め舐めしながら、初めてのブフを待ち受けた。

鷹とラクダとライオンと

試合に先立って、富川先生からルール説明があった。試合時間は一五分。足裏以外が地面についたら負け。足取りは反則(モンゴル国のブフでは足取りは認められているが、内モンゴルのブフでは禁じ手)。一五分で勝敗が決まらなければコイントスで先攻後攻を決め、先攻の得意な組み手から試合再開する。それでも勝敗が決まらなければ、後攻が得意な組み手から試合再開する。

さて一回戦の第一組。一六人の選手たちが入場してきた。両手を大きく広げて、ぴょんぴょんぴょん! と左右に体をゆらしながら小走りにやってくる。日本の大相撲の土俵入りもなんだか不思議な仕草だけれど、ブフの入場もまた独特のダンスのようでおもしろい。

「わぁ、きれい……」

一眼レフカメラを構えたマルさんが歓声をあげ、シャッターを押しまくっている。

そう、内モンゴルのブフの装束は本当にきれい。上半身には襟や袖に金属の鋲がついた黒い皮をつけ、下半身は色鮮やかな文様が縫いつけられたゆったりしたズボンに、牛革のブーツ。中でも目を引くのは、カラフルな首飾りだ。太い輪っかに赤、青、黄、緑、オレンジなどさまざまな色をした細長い絹のびらびらがついている。

「あれがジャンガーだね」

和田さんとわたしはうなずき合った。ジャンガーは内モンゴルのブフ文化に欠かせないものだと富川先生から聞かされていた。一二八名の大会で三回勝った者だけが、それを首に巻くことができる。大会で上位に入ると新しいびらびらがもらえたり、先輩から認められて「俺のを一本やろう」と分けてもらえたり、強くなればなるほどびらびらの数が増えていく仕組みだ。

「ジャンガーは強さのシンボルであり、同時にその土地の生命力の象徴でもあるんです」

という富川先生の説明を思い出す。どんなに強い選手でも、いつか衰える日がやってくる。するとその選手が身につけていたジャンガーは、同じ土地の後輩選手に受け継がれる。それが土地の生命力を保つ秘訣だと考えられているのだ。

かつては、よその地域に住む強いおすもうさんが死ぬと、その遺骨を盗んで自分の住む土地に持ってきちゃう、なんて風習もあったらしい。おすもうさんの遺骨にも生命力が宿っており、盗まれた土地の生命力は落ちる。逆に遺骨がもたらされた場所では強いおすもうさんが誕生し、生命力は高まると信じられていた。

「かつては風葬でしたからね。家から離れた日当たりのよい場所に、ただ遺体を置いておくんです。魂は天に昇り、残った肉体が鳥などの食糧になる。それが死後に積める善行だと考えられてきました。最後は骨だけが残る。だから骨を盗みやすいわけ。もっとも、今の内モンゴルでは田舎は土葬で都会は火葬で、どっちにしてももう骨は盗めませんけどねぇ」

富川先生はそう言って朗らかに笑った。モンゴル全域に「強いおすもうさんが死ぬと、狼がやってきて遺体の胸部に巣をつくって子を産む」という伝説があるが、それも風葬だったからこそ

だ。

相撲と動物との関係は、とても興味深い。そのスタイルは世界各地で異なるけれど、人間離れして大きく強いおすもうさんが神様っぽい存在なのは世界共通。そしておすもうさんは、世界中で動物信仰と結びついている。

じつはこのとき目の前に、三つの動物がいたことに、わたしたちは気づいていなかった。大会から数か月経って、富川先生と喫茶店でしゃべっているとき気楽に尋ねて仰天した。

「そういえば、あの選手が入場するときのダンスはなんですか?」

「広げた腕は鷹の翼を表していて、足をガニ股に開いてぴょんぴょん走るのは種ラクダの仕草です。ジャンガーはライオンのたてがみを象徴しています」

なんと! あの日、日本スポーツウェルネス大学のグラウンドには、鷹とラクダとライオンがいたのである。種ラクダとは、発情した雄のラクダ。いつもはおっとりしているラクダも発情期(冬のはじめ頃)になるとめちゃくちゃ獰猛になり、人間がうっかり近づくと襲われるという。

「その時期になると飼い主はラクダのコブのところに目印の旗か鏡をつけるのが遊牧民のルールです。「このラクダ、ただいま発情中。近くを通る人は気をつけてください」って注意喚起するわけ」

富川先生によれば、モンゴルでは種馬とか種ラクダはエネルギーの源だと考えられている。だから力士はそれを真似する。種ラクダの足の仕草で走りながら、腕は鷹の翼のように広げて、さらにはライオンのたてがみのジャンガーをゆらす。強い動物、総動員。それが内モンゴルのブフなのだ。

さて、ブフの取組は静かに始まる。

草の上に一六人八組が散らばると、互いに握手。そして「はっきよい!」もなければ、立ち合いの突進もないままスタートだ。向かい合った二人が、自分の有利な組み手に持っていこうと探り合う時間がけっこう長く続く。柔道だったら二〇秒間相手と組まずにいると「指導」が言い渡されるけど、ブフにそれはない。互いを見合って、あるいは腕を取り合って、八組同時に組み手争いが進行し、じわりじわりと場の緊張感が高まっていくのである。

そのうち足技を繰り出したり、腕をつかんで引いてみたり、お互いにゆさぶりをかけ始める。技をかけられたほうも、仁王立ちして動じない場合もあれば、あえて相手の技を受け止めながら自分有利に持っていこうと回り込んだりと攻防が続く。組み手争いの動きに緩急が出てくると、観客もどんどん引き込まれて目が離せない。そしてある瞬間、豪快な投げ技が決まる。あるいは急転直下の浴びせ倒し。あとで動画を確認すると目にも留まらぬスピードで足払いをしていることも。

「わー!」

歓声があがり、勝負がついた二人は再び握手。負けたほうはそのまま退場し、勝ったほうは短く鷹と種ラクダのダンスをしてから下がっていく。フィールドから一組、また一組と消えていき、最後の組の勝敗がつくと、そのラウンドは終了だ。わたしたちはだんだんブフ観戦のコツをつかみ、馬乳酒をチビチビと舐めながら、技の応酬を楽しんだ。

一回戦が済むと三二人は一六人に減り、二回戦が終わると八人に絞られた。内訳は内モンゴル出身が六人、モンゴル国出身が二人。チャダルバルさんら招待選手四人は当然残っている。あとは富川先生の「モンゴル・ブフ・クラブ」の教え子ら在日モンゴル人だ。

準々決勝、準決勝は実力が拮抗し、選手の集中力がものすごい。結局、前評判通り、チャダルバルさんとボヤンツォグトさん(三〇歳)が決勝に残った。いずれも五〇キロ四方の草原に住む遊牧民。はたして優勝賞金二〇万円はどちらの手に⁉

決勝戦の前に、モンゴル音楽の演奏タイムがあった。馬頭琴の音色が熱くなったみんなの気持ちを鎮めてくれる。日はだいぶ傾いて、草原(人工芝のグラウンドだけど)に夕風が吹き渡っていく。

きっとモンゴルのブフ大会にもこういう穏やかな時間があるんだろうなぁ。

そしてついに決勝戦。フィールドで組み合うのは一組だけ、全員の視線を浴びて、激しい攻防が続く。五分ほど経った頃、チャダルバルさんの外掛けが見事に決まった！　長身のボヤンツォグトさんが横倒しになり、勝負あり。

「おー、先輩強い」

「かっこよかった」

すぐさま赤い絨毯が敷かれて、表彰式となる。チャダルバルさんもボヤンツォグトさんも、リラックスしたいい笑顔でトロフィーを受け取っていた。会場からは惜しみない拍手が送られる。

富川先生がモンゴル語と日本語で打ち上げパーティーの案内をアナウンスしているのを聞きながら、わたしたちは会場を辞した。モンゴルのおすもうさんたち、今夜はおいしいお酒をぐびぐび飲むんだろうなぁ。

成田線にゆられ、常磐線にゆられ、東京に戻るとすっかり日が暮れていた。

「あれ？」

和田さんが素っ頓狂な声を出した。

「私さっきまで少しお腹が痛かったんだけど、治ってる！」

わたしとマルさんは口々に言った。

「それ、馬乳酒効果だよ」

「さすが馬乳酒」

エピローグ

この原稿が書けたあと、富川先生に見てもらった。「事実誤認がないか確かめてほしい」が表向きの理由だが、実際には政治的配慮ということばが脳裏をちらついていた。

文化大革命のとき内モンゴルでなにが行われたのか。漢民族とモンゴル人のあいだにどんな感情が横たわっているのか。相撲とは直接関係ないことかもしれないが、どうしても記しておきたかった。だけどもし富川先生が「書かないでほしい」と言ったら、そのときはバッサリ削除しようと決めていた。わたしは(中国の人や文化は大好きだが)、少数民族に対する中国政府のおそろしさを推し量ることができない。先生は日本国籍を取得したとはいえ、たくさんの親族や友人が内モンゴルに住んでいるし、帰省する機会もしばしばある。迷惑をかけるわけにはいかない、と思ったのだ。

原稿を読んだ先生は、いつもの朗らかな調子で言った。

「上手に書いてくれました。なんの問題もありません」

それからしばらくして、富川先生から誘われた。

「内モンゴルの友人と羊しゃぶしゃぶをするんだけど、金井さんも来ませんか」

そこで何人かの楽しい内モンゴル出身者と出会い、ＬＩＮＥのアドレスを交換した。ちなみにその晩、先生たちはウイスキーをストレートで、麦茶でも飲むようにゴックンゴックンと飲んでいた。モンゴル人の酒の飲み方はやばい、ということを知った。

羊しゃぶしゃぶの晩に知り合った内モンゴルの人たちから一斉にＬＩＮＥメッセージが入ったのは、二〇二〇年八月下旬のことだ。突如、中国政府が内モンゴルのモンゴル語教育を締めつけ出したという。モンゴル独自の歴史や文学の授業を減らしていく方針だとも伝えられた。当然、現地のモンゴル学校は大混乱に陥った。子どもたちは授業をボイコットし、校門前でモンゴル語の詩を朗読した。それが中国籍を持つモンゴル人のギリギリのレジスタンスだろう。しかし政府は抵抗する者を容赦なく分断し、切り崩していく。逮捕者が出て、自殺者が出た。在日内モンゴル人から届くＬＩＮＥに添付される写真や欧米メディアの記事から、悲痛な思いが伝わってきた。一体なにが起こっているんだ。どうすりゃいいんだ。やきもきしていると、富川先生から連絡が入った。

「九月二二日に東京でデモをします」

その日、東京は小雨まじりの曇り空。わたしは、富川先生から少し離れたところにぼーっと突っ立って抗議行動を見ていた。午前中は中国大使館前で少人数によるシュプレヒコール、午後は日本各地から集結した一〇〇〇人近いモンゴル人を率いて銀座でのデモ行進。富川先生はプラカードや幟を周到に準備し、警察官と上手に交渉し、メディアのインタビューに答え、そこにいる全員をまとめて、最後はあと片づけまで、一切を取り仕切るリーダーだった。そう、まるであのブフ大会の日のように。

あぁ、この人はこういう役目の人なのだ。

と、わたしはしみじみと悟った。今となっては、わたしが書いたブフの原稿のせいで富川先生が中国政府から睨まれたら困る、なんていう当初の心配はまるで屁のようだ。

「金井さんを内モンゴルに連れていって、現地のブフを見てもらいたかったけど、一緒に行くことはできなくなっちゃったなぁ」

明るい口調で言われて、なんて答えていいのかわからなかった。この人は、自分が故郷に帰れなくなることと引き換えに、モンゴル語やモンゴル文化を守る闘いを始めたのだった。

ブフのおすもうさんの物語は、これからも続いていく。

おわりに

和田静香

金井真紀さんと池袋で沖縄に連帯するデモを歩いて相撲の本をつくろうと盛り上がってから、私たちは何度か相撲会議を開いた。早朝、国技館前で当日券販売に並ぶ人の列に取材して、その帰り道。「今から会わない？」と誘い、まだ寝起きの金井さんが飛んできてくれたり。杉並区の高円寺から阿佐ヶ谷まで、当時の安倍首相に対する抗議デモを相撲ファンの知人と私が歩いて、帰りに阿佐ヶ谷の立ち飲み屋でワイワイするうちに「内モンゴル自治区から来たすごいおすもうさんがいる」なんて聞かされ、金井さんも加わってドラム缶のテーブルに身を乗り出し、「紹介してください！」とお願いしたり。そのときに紹介してもらったのは、もちろん富川力道先生だ。そのうち、じゃあ、どこか出版社に相談しようとなったときには「そういえば、前にいきなり国技館で話しかけてきた編集者がいるぞ」なんて思い出し。そうしてこうして相撲、相撲、大好きな相撲をする人たちに会う旅が始まった。

しかし、その旅の一部をコロナ禍にあってあきらめることになった。今は「次の機会に行くでしょう、エイエイオー！」と拳を小さく突き上げてはいるけれど、濃厚接触はダメというむずかしい事態となって、相撲そのものが世界中で休止を余儀なくされている。二〇二〇年は、金井さんが行った北海道の「女だけの相撲大会」や、沖縄角力の各地の大会(久米島も沖縄本島も、横浜・鶴見の大会も)、韓国シルムの全国大会、私が行った石川県の「唐戸山神事相撲」、女子相撲のすべての大会、実業団相撲大会、世界選手権も中止となった。また、モンゴル国のナーダムは無観客で行われたんだとか。世界のおすもうさんたちは一人空を見上げ、ふーっと息を吐く日々だった。

はたしてみんな、どうしているんだろう？

すぐ頭に浮かんだのは松源相撲部のことだ。スーパーマーケットに働く人は緊急事態宣言下においてエッセンシャル・ワーカーと呼ばれ、社会の見る目がこれまでとは変わったように思える。なんていうか、以前はみんな「あの店員、気が利かないのよね」とかすぐ怒っていたけど、コロナ禍になってからは「こんなときでもお店に立ってくださり、ありがとうございます」的な。そうだよ、なんで今まで気づかなかったの？と言いたいが、松源相撲部のみんなはどうしているんだろう？　西尾壮人さんに電話をしてみた。

「相撲部は二月頭ぐらいから、休止中です(二〇二〇年一二月現在)。スーパーはお客さんに接する仕事でしょう? 個人的にトレーニングはやってますけど、相撲はもうずっと取ってません。正直、生活のリズムは狂いますね。ずっと相撲をやる生活でしたから。でも、三月から四月ぐらいはこっち(和歌山)でも買いだめがあったり、トイレットペーパーが売り切れたり、お客さんも町もみんなピリピリしていて、毎日ものすごく忙しく、練習があっても参加はできなかったと思います」

そうか。やっぱりそうなのか。聞けば、仕事がまずありきの実業団相撲部は多くが休止中らしく、コロナ禍にあって相撲を取ることはむずかしいのかもしれない。西尾さん、相撲が取れなくて苦しいのでは?

「僕は「かまし相撲」なんで、戻ったときに「かませるか」心配ですねぇ〜」

「じゃ、店でかましちゃえば?」

「ハハハ、無理無理っ!」

って、西尾さん、意外と元気だ。でも、

「いつ再開できるのかが今はまだ見えてないんですよ」

松源相撲部の土俵は店舗と同じ敷地にある。接客業ゆえ、なかなか再開のメドは立たないのかもしれない。

でも、みんな、仕事はいつもどおりなんですよね?

「いつもどおりといえばそうですけど、みんなけっこう店を変わってます。僕はあれから二店舗異動になって今は高野口《こうやぐち》店にいます。チンバトも異動して打田《うちた》店で店長やってます。変わらないのは上岡さんぐらいで……あ、福島さんはずっと同じ岩出店にいるんですけど、精肉から鮮魚に部署が変わったんですよ」

えーっ。肉から魚。それは大変！　そんな異動もあるんですねーっ！　って、結局またスーパーの話ばかりしてしまった。

そういえば中野さん。引退されちゃったんですか？　気になってたことを聞いた。

「いえ、自粛前は普段どおりにやってましたよ。なんだかんだで気が強いですからね」

ワッハハ。中野さん。そうか、そうか。よかった。やっぱり気が強いんだな。

相撲部は休止中だけど、松源相撲部のみなさんはお店オリジナルのマスクをして、今は黙々と地域の生活を支えてるという。私も松源オリジナル・マスクほしいなぁ。

そしてもう一か所、気になっていたのが京都両洋高校女子相撲部だ。戸山先生、髙橋先生とはフェイスブックでつながっていて、大会はすべて中止、練習も自粛でずっとお休みになっていたのは見ていた。夏が終わる頃からやっと練習は少しずつ再開できたけど、三年生はそのまま引退へ。相撲をするために両洋高校に入ってきた生徒たちは、相撲が取れない高校生活を送っていた。

それでＺｏｏｍをつないで、学校にいる相撲部の一～二年生みんなの顔を久々に見た。あれっ！　みんなおとなっぽくなってる。画面に並ぶ二年生になった四人、早川さん、桃花さん、こころさん、のんちゃん。たった一年でずいぶんと変わるんだね。

「コロナで大会が全部、中止。目標がなくなって、今年はなにをどう頑張ればいいかわからなくなっちゃった」

そう切り出したのはこころさん。

お母さんとか周りの人に八つ当たりした？　と聞くと、アハハハと笑いながらも、「それはあった」と四人が口々に言う。人生の中でひたすら楽しく輝いているはずの一七歳を、コロナ禍の中で過ごさざるを得なかった彼女たちを思うと、胸が締めつけられる思いがした。

それでも四人はそろそろ将来のことも考え始めていて、「夢を叶えるために進みたい大学には相撲部がないから、そうなると相撲はやめることになっちゃう」と、悩みを言う。そうかぁ、やっぱり大学には女子相撲部がほとんどない。じゃ、つくっちゃえば？　と言うと、「無理ーっ！」と即答された。

そのあとに戸山先生が、新一年生部員四人を紹介してくれた。んもー！　全身からパワーがみなぎってる。一五〜一六歳。しかも、言うんだ。彼女たちが。すがすがしく。

「相撲はスポーツとしてかっこいい競技です」

「今年は大会がなくて、両洋の（試合のときに着る）レオタードが着れなくて残念でした。早く着たいです！」

うわぁ〜。なんて、すてきなことばたち。そこには女子が相撲やるのはどうしたこうしたなんて考え方は入り込むすき間がないよ！　一年ごとに新しい女子相撲がつくられていく。競技会は中止だけど、希望はすくすく育っている。

ちなみに部活を引退した三年生の三人、正木希さん、柿木麻歩さん、田中明美さんは、それぞれに「相撲を続ける」進路に向かっているそうだ。

つらいこともある。二〇一九年秋に行った茨城でのブフ大会で富川先生は張り切って司会進行していて、内モンゴルからやってきたおすもうさんたちはカッコよく、並んで一緒に写真を撮ってもらった。馬乳酒は、う〜ん、味はこう、独特なんだけど、お腹がスッキリした。

なのに、ふたたび富川先生に会うのが、東京・六本木にある中国大使館のすぐ側での抗議行動だなんて。みどり色のすてきなモンゴルの民族衣装を着た女性やTシャツ姿の男性たち、私にはわからないモンゴル語で書いたバナーを掲げて中国政府による内モンゴル自治区での、モンゴル語教育廃止の決定に必死の抗議をしていた。「あなたたちはなんですか？」って、公安らしき人が金井さんと私に聞いてきてビクビクしたけど、私たちの何百倍も危険にさらされながら富川先生と同胞たちは大きな声をあげていた。その声が、ことばが、消えていくのは考えられない。そして、ことばがなくなれば、文化もなくなる。何千年も続いてきた相撲だって消えてしまうかもしれない。そんなの、絶対にイヤだ。絶対に、絶対に、イヤだ。

富川先生は強く、たくましいおすもうさんだ。「横浜・鶴見の沖縄角力大会に出たとき、あばらを折りました。ほっといたら治って、今も胸のところに三本でっぱってます」なんて、おすもうさんあるあるを笑顔で金井さんに話していたらしい。沖縄、韓国シルム、モンゴルのブフはつながっていることを、私も金井さんの原稿を読んで知った。東アジアには政治的不和が横たわっているが、こと相撲においては土や草の上で仲良くつながって交流していることがうれしい。

その輪はさらに広がっている。

二〇二〇年二月二日、コロナ禍の到来前にギリギリ間に合った国際大会「第一〇回白鵬杯」には横綱白鵬の人脈と尽力で、アメリカ、ウクライナ、エストニア、オーストラリア、韓国、台湾、タイ、ブラジル、ブルガリア、香港、モンゴル、ロシアと一二か国の子どもたちがやってきた（本当は中国の子どもたちも来るはずだったけど、一足早くパンデミックが訪れた中国選手団は来日できなかった）。その一つ、台湾チームの陳コーチはこう言っていた。

「台湾と中国は文化でつながっていますから、中国で発展した摔跤《シュアイジャオ》が台湾でもやはり人気があります」

摔跤《シュアイジャオ》はモンゴル相撲に影響されたとも、韓国シルムに影響を与えたとも言われているから、この話を聞いて、ぜんぶつながっているという思いをふたたび新たにした。

また、韓国チームを引率していたのが大相撲の元幕内力士の春日王《かすがおう》さん。覚えてます？　春日王さんの活躍を？　春日王さんは元シルムのチャンピオン、天下壮士でもある。

「子どもたちは普段、シルムをやりながら、日本の相撲もやっています。韓国の子どもたちは日本の相撲のことをよく知っています。だから、日本の子どもたちにもシルムのことを知ってもらいたいです」

韓国の道場で、シルムと日本の相撲はつながっているんだ。


とはいえ、何もかもごっちゃにして、一緒だと思ってもいけない。つながっているけれど、それぞれ違う。それを考えさせてくれたのが、ロシア連邦トゥバ共和国から子どもたちを引率してきたカンダミルクーバ先生。息子のダワーニチ君(一一歳)も相撲をやる、相撲一家。

トゥバはモンゴルの隣りに位置し、私は無学で知らないが、きっとモンゴルとロシア、大国の国境争いのど真ん中にトゥバは常に置かれてきたのだろう。だから、いっそうトゥバ人としての誇りを感じて生きているはずだ。

「トゥバの国技はフレッシュです。モンゴルのブフにユニフォームも形も似ていますが、モンゴル相撲は膝をついたら負け、でもフレッシュは膝が地面についても負けではありません。ブフとフレッシュは似て非なるもの。ぜったい～に違うものなんです」

カンダミルクーバ先生はブフとの違いを力強く訴えた。国技フレッシュはトゥバの人たちにとって、きっとアイデンティティーの源になっているに違いない。

相撲は世界でつながっているけど、それぞれ違う。そのこともちゃんと意識しなきゃと思った。ちなみに大相撲の狼雅《ろうが》はトゥバの出身。カンダミルクーバ先生の教え子なんだそう。

この日、国技館にいろいろな肌や髪の毛の色を持つ子どもたちが闊歩していた。それはそれは壮観だったが、白鵬は「将来は女子選手も白鵬杯に参加してほしい」と考えていると聞く。その布石としてだろうか、表彰式を手伝っていたのは女子相撲のかつての全日本チャンピオンだった。近い将来それが実現したら、すばらしいことになる。

世界にはまだまだ私たちが出会っていないおすもうさんが大勢いる。

二〇一八年末、この本の企画がスタートして最初に私たちが訪ねたのは、東京外国語大学の真島一郎《まじまいちろう》先生だった。真島先生は西アフリカ民族誌学とアフリカ社会思想史などを専門とする文化人類学者。私にはおそれ多いが、教えてくださった話はゴクリと唾を飲む、エキサイティングなアフリカの相撲のありようだった。

いわく、西アフリカではニジェール、ナイジェリア、ブルキナファソ、コートジボアール、セネガル、ガンビアで相撲が取られている。中でもセネガルでは相撲がビッグ・ビジネスとして栄えている。元々「セネガルの男は強い」という認識が西アフリカにはあるそうだが、セネガル人には背が高くて筋骨隆々、たくましい人が多い。美男美女の国としても知られていて、目が大きくてまつげが長く、見目麗しい。そんなことからもセネガルでは興行としてのプロ相撲が栄えたのかもしれない。

セネガルに行くと相撲のスター選手は子どもたちが勉強に使うノートの表紙になり、携帯電話のコマーシャルに登場し、大豪邸に住み、誰もが知る国民的英雄なのだという。まちがいなくセネガルにもスー女が大勢いて、胸ときめかし、目をハートにしていることだろう。ま、混ざりたい……。


セネガル力士たちは牛の皮でつくった長方形の小さいお守り「グリグリ」をヒモで胸に巻き、そのヒモがギュっと身体に食い込む様は筋肉を際立たせて、じつにかっこいい。セネガル力士のごひいき筋になってみたいが、実際にタニマチがいるというから、おもしろい。


そして真島先生によれば、都会の大会だけでなく、相撲は農閑期の力比べとしても村々で行われていて、その相撲には精霊が宿っているという。力士たちの戦いは背後に潜む精霊同士の戦いでもあり、その背後に潜む精霊がばれたら力を失うと信じられている。力士は互いにその存在を暴こうとし、暴かれないように注意し、暴かれそうになると途中で茂みに駆け込んで「おまじないの薬(薬草などからつくった塗り薬)」を手足にすり込んだそう。すると相手は力が出なくなる。

それは目には見えない戦いだ。

「男の闘いで名をはせようと願う者は、自分を守護してくれる精霊に、前もって夢の中で出会っていなければならない。力士の精霊は、サルやヘビのような森の獣であったり、川の魚であったり、村の生活用具の霊であったりする」(真島一郎著『呪術と精霊のうずまく格闘』より)

うわっ。なんて不思議だろう。

世界にはまだまだ私たちが知らない、想像をはるかに超えたおすもうさんがいる。そして、今日もきっと、どこかで、相撲を取っている。

世界のおすもうさんに、また会いに行きたい。

ブラジルの女子選手
アナさん
↓

ICレコーダーを手に取材中の和田

使いこまれたまわし!

韓国シルムの天下壮士
ジョンさん
↓

デレデレしている金井

靴をはいてるのにこの身長差!

参考文献

1

藤生安太郎『四股を踏んで国策へ』大日本清風会、一九三八年（のちに『相撲道の復活と国策』、さらに『武道としての相撲と国策』と改題）

2

亀井好恵『女相撲民俗誌――越境する芸能』慶友社、二〇一二年
遠藤泰夫『女大関若緑』朝日新聞社、二〇〇四年
瀬々敬久・相澤虎之助原作、栗原康著、『菊とギロチン――やるならいましかねえ、いつだっていましかねえ』タバブックス、二〇一八年

3

木村銀治郎監修『大相撲語辞典』誠文堂新光社、二〇一八年

4

辺野古区編纂委員会編『辺野古（ひぬく）誌』辺野古区事務所、一九九八年
長谷川明『相撲の誕生　定本』青弓社、二〇〇二年
長嶺将真『史実と口伝による沖縄の空手・角力名人伝』新人物往来社、一九八六年
宇佐見隆憲『草相撲のスポーツ人類学――東アジアを事例とする動態的民族誌』岩田書院、二〇〇二年

熊本博之「辺野古に積み重ねられた記憶について」『世界』二〇一九年四月号
「久米島の沖縄角力」沖縄角力協会久米島支部、二〇一九年
『沖縄から伝えたい。米軍基地の話。Q & A Book —— 沖縄の米軍基地の疑問を分かりやすく解説』沖縄県、二〇一七年

5

藤原弘「和歌山　すもう人国記」「毎日新聞」連載(一九九四年)
井上眞理子『尼崎相撲ものがたり —— 鉄のまちの知られざる昭和』神戸新聞総合出版センター、二〇〇三年

6

「久米島の沖縄角力」沖縄角力協会久米島支部、二〇一九年
長嶺将真『史実と口伝による沖縄の空手・角力名人伝』新人物往来社、一九八六年
佐木隆三『証言記録　沖縄住民虐殺 —— 日兵逆殺と米軍犯罪』新人物往来社、一九七六年
吉浜巌編『十五年戦争重要文献シリーズ第一八集　久米島住民虐殺事件資料』不二出版、一九九四年

7

大久保英哲、吉野徹「スポーツ人類学からみた能登地方の伝承相撲について」『金沢大学教育学部紀要　人文科学・社会科学編』第四二巻
谷釜了正、下谷内勝利「能登・唐戸山における仏事満座の相撲 —— 唐戸山神事相撲圏の形成に関する歴史民俗学的考察」日本体育大学体育史研究室、一九九三年
和歌森太郎著作集刊行委員会編『和歌森太郎著作集15　相撲の歴史と民俗』弘文堂、一九八二年
宇佐見隆憲『草相撲のスポーツ人類学 —— 東アジアを事例とする動態的民族誌』岩田書院、二〇〇二年

8
ジンソンギュ著、韓国シルム協会作成・日本語訳『わかればもっと面白い　シルムのお話』
国民生活体育全国シルム協会編『씨름　교본(シルム教本)』
「韓国シルムvs沖縄相撲 日韓親善四〇周年記念久米島大会」パンフレット、二〇一六年

9
NHK取材班、石田雄太『二子山勝治・相撲ルーツの旅』日本放送出版協会、一九九三年

10
ボルジギン・ブレンサイン編著、赤坂恒明編集協力『内モンゴルを知るための60章』明石書店、二〇一五年
楊海英『墓標なき草原――内モンゴルにおける文化大革命・虐殺の記録(上)・(下)』岩波現代文庫、二〇一八年
富川力道「公園草相撲、肌の国際交流――モンゴル・ブフ・クラブの活動を中心として」『教育研究フォーラム』第六号
――「大相撲の国際化とメディア言説　朝青龍問題を中心に」、岡井崇之編『レッスル・カルチャー――格闘技からのメディア社会論』風塵社、二〇一〇年
――「ブフ＝モンゴル相撲における再生儀礼」、野口信彦編著『シルクロード万華鏡――それぞれのグレートジャーニー』本の泉社、二〇一二年

おわりに
真島一郎「呪術と精霊のうずまく格闘――コートジボアール・ダン族のレスリング」『スポートロジイ』第三号

本書は「web 岩波 たねをまく」(https://tanemaki.iwanami.co.jp)に
掲載された連載を元に，加筆・修正を加えたものです．
公開：2019 年 5 月(第 1 回)〜 2020 年 11 月(最終回)
文中に登場する方々の所属・年齢は連載当時のものです．

和田静香

千葉県生まれ．主に音楽や相撲について書くライター．著書に『コロナ禍の東京を駆ける —— 緊急事態宣言下の困窮者支援日記』(共編，岩波書店 2020)，『スー女のみかた —— 相撲ってなんて面白い！』(シンコーミュージック 2017)など．都内の相撲道場で稽古を積んだ経験があり，マイまわしを持っている．どすこい！

金井真紀

千葉県生まれ．テレビ番組の構成作家，酒場のママ見習いなどを経て，2015 年より文筆家・イラストレーター．著書に『世界はフムフムで満ちている —— 達人観察図鑑』(皓星社 2015)，『パリのすてきなおじさん』(柏書房 2017)，『マル農のひと』(左右社 2020)など．大相撲初観戦は幼稚園の時，まだ蔵前国技館だった……(遠い目)．

世界のおすもうさん

2021 年 3 月 17 日　第 1 刷発行

著　者　和田静香《わだしずか》　金井真紀《かないまき》

発行者　岡 本　厚

発行所　株式会社 岩波書店
〒101-8002 東京都千代田区一ツ橋 2-5-5
電話案内 03-5210-4000
https://www.iwanami.co.jp/

印刷・精興社　製本・中永製本

ISBN 978-4-00-061457-3　Printed in Japan